JN070873

超入門 これなら弾ける！

アコースティックギターの弾き方

演奏・監修 中原健太郎

成美堂出版

はじめに聞いておきたい
アコースティックギター Q&A

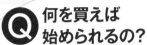
アコギを始めたいんだけど…？

Q 何を買えば始められるの？

A 「アコギ」「チューナー」「ピック」は必ずそろえましょう。

この3つがあれば、とりあえず演奏をすることができます。しっかり練習をしたり、保管をしたりするためには、様々なアイテムが必要になります。

チューナー　ピック

詳しくは 8 ページ

Q 音は自分で合わせなきゃいけないの？

A チューナーを使えば、誰でも音を正確に合わせることができます。

自分の耳だけでギターの音を合わせる必要はありません。「チューナー」という便利な機械があるので、それを使えば誰でもすぐにチューニングをすることができます。

チューナー

詳しくは 24 ページ

Q 弾き方にはどんなものがあるの？

A 「ピック弾き」と「指弾き」があります。

アコギでは、ピックを使う弾き方と、指を使う弾き方があります。ピック弾きは固くはっきりした音色で、指弾きは丸くてやさしい音色をしていて、どちらにも魅力があります。

詳しくは 26、94 ページ

Q ピアノの譜面を読めなくても弾けるの？

A 弾けます。ギター専門の「TAB譜」の見方を覚えましょう。

ギター専用の譜面「TAB譜」は、6本の線を6本のギターの弦に見立てた、簡単でわかりやすい譜面です。

TAB譜

詳しくは 30、40 ページ

Q 何を覚えれば曲を弾けるようになるの？

A TAB譜の読み方と、コードを何個か覚えれば曲は弾けます。

弾きたい曲の「TAB譜」があれば、その読み方と曲で使われているコードを覚えることで好きな曲を弾けるようになります。難しいフレーズを弾くには練習が必要ですが、楽しみながら弾くならTAB譜とコードがわかれば十分です。

詳しくは 30、42 ページ

Q 弦が切れてしまったら？

A 弦が切れたら、自分で交換する必要があります。

ギターを買ったお店に頼むこともできますが、ギターの弦の交換は自分でやるのが基本です。この本とDVDを見て、弦を交換するときの注意がわかれば、さほど難しくありません。

詳しくは 34 ページ

レベルアップするにはどうしたらいいの？

Q ギターの楽譜はどんなものを買えばいいの？
A TAB譜で掲載しているものがオススメ！

本書で練習が終わったらもっと多くの曲が弾きたくなるでしょう。そのときはTAB譜で掲載しているものがよいです。コードダイアグラムも書いてある譜面がよりオススメです。

Q GとかEとか書いてあるのってなに？
A ドレミファソラシドと同じ意味の英語表記です。

学校などで習った「ドレミファソラシド」は実はイタリア語です。これを「CDEFGAB」とアルファベットで表すことができます。これらは音の高さを表したり、コードを表したりします。

詳しくは 42 ページ

Q コードはどれくらい覚えればいいの？
A 最初は曲に出てくる2〜3個でOK！

最初は曲に出てくるものだけでOKです。似たような押さえ方のコードもあるので、だんだん覚えて、弾けるコードを増やしていきましょう。よく使うコードも紹介しています。

詳しくは 44 ページ

Q アコギはスピーカーから音を出せないの？
A エレアコを使ったり、アコギに後からピックアップをつけることもできます。

エレアコは、最初からピックアップがついているアコギのこと。ピックアップはギター用のマイクのようなもの。ピックアップとシールドを差すジャックがあればスピーカーから音を出すことができます。

詳しくは 158 ページ

Q ギターを弾くためには爪は伸ばしたほうがいいの？
A 左手の爪は短く。右手の爪は自分に合うスタイルを見つけましょう。

左手の爪は弦をきちんと押さえられるように短くします。アコギを弾くプロのミュージシャンは、指弾きのために右手の爪を伸ばすプレイヤーは多いですが、短い人もいます。それぞれ音色が違うので、どんなギターを弾きたいか、自分に合った弾き方を見つけてみましょう。

詳しくは 33、104 ページ

Q ギターがうまい人はなにが違うの？
A 丁寧に弾くことが、上手になるための近道のひとつです。

難しいフレーズが出てきたときになんとなく雰囲気でごまかしてしまわず、テンポを遅くしてきちんと弾く練習をするなど、丁寧に弾くことが大切です。きれいに音を出して弾くことができれば、どんなフレーズも上手に聞こえます。

初心者のためのギターにまつわる **Q&A**
アコースティックギターは どんな楽器？

アコギはどんなパーツでできてるの？

アコギのパーツを覚えよう

ギターを部位ごとに大きく分けると、「ヘッド」「ネック」「ボディ」の3つに分けられる。

ここではたくさんのパーツのなかから主なものを紹介する。まずはパーツの名前を知ろう。

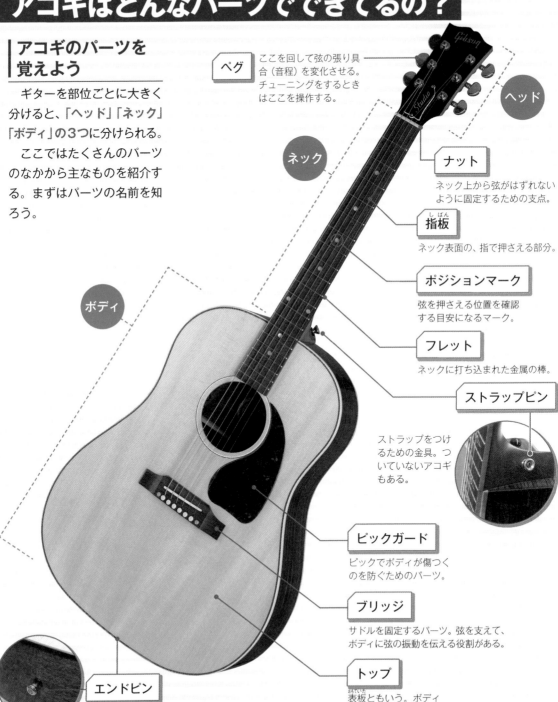

ペグ
ここを回して弦の張り具合（音程）を変化させる。チューニングをするときはここを操作する。

ヘッド

ネック

ナット
ネック上から弦がはずれないように固定するための支点。

指板
ネック表面の、指で押さえる部分。

ポジションマーク
弦を押さえる位置を確認する目安になるマーク。

フレット
ネックに打ち込まれた金属の棒。

ストラップピン
ストラップをつけるための金具。ついていないアコギもある。

ボディ

ピックガード
ピックでボディが傷つくのを防ぐためのパーツ。

ブリッジ
サドルを固定するパーツ。弦を支えて、ボディに弦の振動を伝える役割がある。

エンドピン
ストラップをつけるための金具。

トップ
表板ともいう。ボディの表側の板のこと。

アコギはどうやって音が出るの？

ギターのボディが
弦の振動を大きく響かせる

アコギは、ボディの中が空洞になっている。ギターを弾いたときの弦の振動がボディの中で共鳴してサウンドホールから音をボディ外に出す。

アコギのボディがエレキギターと比べて厚く、中が空洞なのは、大きな音を出すためなのだ。

サウンドホール

弦の振動によるギター内の共鳴を外に放出するための穴。

サドル

ボディ側で弦を支えるパーツ。弦の振動をボディに伝える。

ブリッジピン

弦をボディにとめるためのパーツ。ピンともいう。

POINT エレキギターとアコースティックギターの違い

エレキギター　　　　　　　アコースティックギター

ピックアップ

サウンドホール

エレキギターは弦の振動をピックアップ（→158ページ）で電気信号に変え、アンプで増幅させて音を出すので、ギターだけでは大きな音が出せない。アコギは弦の振動をボディの空洞部分で増幅させて音を出すので、ギターだけでも大きな音が出せる。

アコギにはどんな種類があるの？

アコギの種類を見てみよう！

アコースティックギターは大きく分けて、下の2種類に分けられる。右ページの形の違いも見て、自分に合うギターを探そう！

フォークギター

一般的に「アコギ」と呼ばれるものだ。ボディの形や大きさは様々で、ギターの生音での響きをメインに設計されている。後からピックアップ（→158ページ）をつけることもできる。

**エレクトリック
アコースティックギター**

ピックアップが最初からついていて、アンプ（→158ページ）につなげることができる。アンプでつなげたときの響きをメインに設計されている。楽器側面のつまみで音量や音色を調整できる。略して「エレアコ」と呼ぶ。

アコギの形にはどんな違いがあるの？

ボディの幅の違い

アコギのボディ幅は、ボディのふくらみが一番広いところのこと。楽器によって幅に差があり、音色に差がある。

トリプルオータイプ

ボディにくびれがあり、ボディ幅がやや小さめ。体が小さい人にも扱いやすい。

ドレッドノートタイプ

一番スタンダードなアコギ。ストロークにも指弾きにも向いていて幅広いジャンルに対応できる。

ジャンボタイプ

ボディ幅が大きいので低音が豊かに響く。パワフルな音が出せ、ストロークが映える。

ボディの形の違い

カッタウェイ

ボディに近いところの弦が弾きやすいように、肩のところがへこんでいる。エレアコに多い形だ。

ⓅⓄⒾⓃⓉ 弦がナイロン製のギターもある

クラッシックギター（ガットギター）

昔は羊など動物の腸（ガット）を弦に使っていたことから、ガットギターとも呼んでいた。

一般的なアコースティックギターはスチール弦を使用しているが、クラシックギターはナイロン弦を使用している。ネックが太く、やわらかな音色が特徴で、クラシックやフラメンコでよく使われる。クラシックギターでポップスを弾くミュージシャンもいるが、フィンガーピッキングで弾くことを想定した楽器なので、ピックでジャカジャカ弾きたい人は、スチール弦の張られたアコースティックギターを買おう。

初心者のためのギターにまつわるQ&A
はじめに何をそろえればいいの？

アコギはどうやって選ぶの？

マイギター探しは楽器店で！
手に取ってきちんと選ぼう

　初心者用のギターや、必要アイテムをまとめた入門セットは通販サイトなどでも取り扱われていて、手軽に買うことができる。しかし、ギターの重さや質感は実際に手に取ってみて、はじめてわかる。

　また、ギターを始めるためには右ページのリストのようにピックやチューナーなど、必要なものがいくつかある。各メーカーからたくさんの種類が販売されているが、楽器店なら目で見て、手に取って、比べて買うことができる。迷ったら経験豊富な店員に相談することもできるため、信頼できる楽器店を探すことはとても大切なのだ。

予算に合わせて、自分のお気に入りのギターを見つけよう。

ℙ𝕆𝕀ℕ𝕋 楽器選びのポイント

自分の体にフィットするか

ボディが脚にフィットするか、ギターを構えたときに肩や腕が痛くないかチェックしよう。

ギターのボディのサイズや素材によって音色は変わるが、自分の体にフィットする楽器を選ぶことは、弾きやすさや、体を痛めないためにもすごく大切なポイントだ。**楽器を抱えたときにしっかり安定するものがよい。ボディの厚みや、ネックの握り心地**も確認してみよう。

見た目も大事

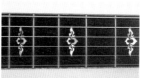

ポジションマークの装飾。

サウンドホール周りの装飾をロゼッタという。

ピックガードに描かれた絵の装飾。

アコギはどれも見た目が似ていて違いがわからないと思う人もいるかもしれないが、例えば予算に合うなかで、ボディの色、ピックガードの形、楽器の装飾が気に入ったものを選ぶのもよい。ルックスが気に入ったギターを選ぶことも、続けるポイントのひとつだ。

マメ知識▶弾きにくいと感じるギターは細い弦に変えたり、弦高を調整したりすることでも改善することがある。弦高調整はプロに頼もう。

楽器店ではじめに買うもの

チェックリストで買い忘れがないようにしよう！

　ここでは、ギターの他に必要なものを紹介する。重要度★5のものは、持っていないと演奏できないので、必ず買いそろえよう。この他に、練習のおともに最適な「あると便利なギターグッズリスト」（→13ページ）もあわせて確認しよう。

			重要度
□ チューナー		ギターの音を正確な音程に合わせるために必要だ。価格は1000円～5000円ほど。	★★★★★
□ ピック		ピック弾きには必須。1枚50円～500円ほど。	★★★★★
□ ストラップ		ギターを立って弾くときに必要となる。座って弾くときはなくてよい。価格は1000円～5000円ほど。	★★★★☆
□ カポタスト		曲のキー（音程）を変えることができる。1000円～6000円ほど。	★★★★☆
□ ギターケース		ギターを保管するときや、持ち運ぶときに必要だ。1000円～8000円ほど。	★★★★☆
□ ギタークロス		ギターのメンテナンスをするときに必要となる。300円～1000円ほど。	★★★★☆
□ 交換用の弦		弦が切れたときや交換時期が近いときに必要。価格は1セット（1～6弦）500円～3000円ほど。	★★★★☆
□ ニッパー		弦を交換するときに必要となる。500円～2000円ほど。	★★★☆☆
□ ストリングワインダー		弦を交換するときにペグを速く巻くことができる。価格は200円～1000円ほど。	★★☆☆☆

初心者のための ギターにまつわる Q&A

ギター用品を選ぶポイントは？

ギターの弦の音程を 合わせる「チューナー」

ギターの弦を正しい音程に合わせるために必要なのがチューナーだ。**ギターのヘッドに取りつけて音程をはかるクリップタイプのチューナーがオススメ**だ。エレアコならシールド（→158ページ）でつなぐチューナーも使える。

スマホアプリのチューナーもあるが、正確なチューニングをするために、専用のものを購入したほうがよい。

クリップ式チューナー

迷ったら
コレ！

シールドでつなぐ
チューナー

弦を弾いて 音を出すための「ピック」

ピックは様々な種類があり、色や形、硬さ、材質などが違う。迷ったら、**最初はトライアングル型かティアドロップ型で、硬さはミディアムを使おう**。いろいろ試して自分の手になじむ、自分にとって弾きやすい形のピックを見つけていこう。

℗◯ℹ℗ℕ℗
ピックの種類と選び方

様々な種類のピックのなかでも代表的なものを紹介する。いろいろなピックを試して自分に合ったものを見つけてみよう。

硬さと厚みの目安

ソフト
〜 0.5㎜

(SOFT, THIN)

ティアドロップ型

先が細くなっているので、単音が弾きやすい。

トライアングル型
（おにぎり型）

迷ったら
コレ！

3つの頂点のどこでも弦を弾くことができ、ストロークがしやすい。

サムピック

サム（thumb）は英語で親指のこと。親指にはめて弾く。フィンガーピッキングで使われることがある。

ミディアム
0.6 〜 0.8㎜

(MEDIUM)

ハード
0.9 〜 1㎜

(HARD, HEAVY)

マメ知識▶ サウンドホールの縁に取りつけられるアコギ用のチューナーもある。

ギターを肩から下げるための「ストラップ」

ストラップには素材や長さ、柄など様々な種類があるので、自分の好みに合ったものを選ぼう。立ってギターを弾くときはストラップが必要（→22ページ）。

BOSS
ギターストラップ
-BSC-20-BRN
（ブラウン）

ここの穴に紐を通し、ヘッドと結んでストラップを取りつけることもできる。

音程を変えて弾きやすくする「カポタスト」

カポタストはギターのネックにはさんで曲のキー（音程）を変えたり、コードを弾きやすくできる。**テコ式、バネ式、レバー式、ネジ式**などつくりは様々だ。

着脱が楽なのはバネやレバー式。弦をはさむ力を調整しやすくチューニングが安定するのがレバー式やネジ式だ（→68ページ）。

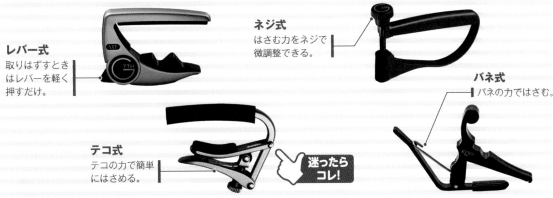

ネジ式
はさむ力をネジで微調整できる。

レバー式
取りはずすときはレバーを軽く押すだけ。

バネ式
バネの力ではさむ。

テコ式
テコの力で簡単にはさめる。

迷ったらコレ！

ギターケースは用途に合わせて選ぶ

ケースを買うときにはアコースティックギター用と明記されているものを買うこと。

軽くて薄い**ソフトケース**は、自宅で保管するときや、短距離を移動するときに使う。衝撃には弱いので注意しよう。

セミハードケースは、人が多く荷物でごった返すライブ会場などで便利。**ギグバッグ**という名称で、ソフトケースとセミハードケースの中間ぐらいの性能のものもある。リュックのように両肩に背負えるものがオススメだ。

もっとも頑丈な**ハードケース**は、重いので普段の持ち運びには不便。しかし、飛行機や高速道路で輸送する際は、衝撃からギターを守ってくれて安心だ。

ソフトケースはもっとも軽量。自宅の保管や短距離の移動に。

セミハードケースはアコギのボディを守れて持ち運びにも便利。

ハードケースは車や飛行機などで輸送するときに便利。

迷ったらコレ！

マメ知識▶ ギターケースの表側に取っ手があるモデルは、片手でも持ちやすい。選ぶときにチェックしてみよう。

初心者のための ギターにまつわる Q&A

手入れに使う 「ギタークロス」

ギタークロスは、練習が終わった後に弦についた手の脂や汗を拭き取るために使う。ボディやネックの裏などもこのクロスで乾拭きする。きちんと手入れをすることでギターも弦も長持ちさせることができる。

特殊な繊維を使った専用のクロスがあるので、ひとつは購入しておくとよいだろう。

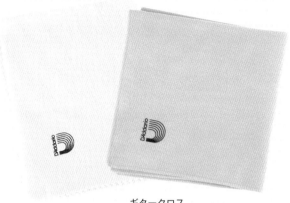

ギタークロス

ギターの弦には寿命があるので 交換用の弦を用意しよう

ギターの弦は、太さや種類が様々。まずは一般的なライトゲージのブロンズ弦を選ぼう。

細い弦は押さえる力が小さくてもよいが、繊細なサウンドになり、太い弦は押さえるのに力がいるが、パワフルなサウンドになる。弦の素材はあたたかいサウンドの80/20ブロンズときらびやかなフォスファーブロンズが主だ。

将来的には自分のプレイに合った弦の太さなどにこだわってみよう。弦はセット売りの他にバラ売りもある。

弦の太さ　細 ————————→ 太

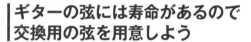

	エキストラ ライトゲージ	カスタム ライトゲージ	ライト ゲージ	ミディアム ゲージ
1弦	10	11	12	13
2弦	14	15	16	17
3弦	23	22	24	26
4弦	30	32	32	35
5弦	39	42	42	45
6弦	47	52	53	56

数字は太さを表し、10 なら 0.010 インチの太さを表す

POINT コーティング弦のススメ

ギターの弦は長く使っていると錆びてしまったり、音のハリがなくなってきたりしてしまう。「コーティング弦」は、その悩みを解決するためにつくられた。普通の弦に比べて指の滑りがよく、汚れなどがつきにくいため長持ちする。値段は高いがその分、価値のある商品だ。

コーティング弦

弦の交換が格段に楽になる 「ストリングワインダー」

ペグをスムーズに回して巻いたり緩めたりすることができ、弦の交換を楽に手早く済ませることができる。ピン抜きとして使える溝がついているものもある。手動で回すタイプの他に、電動タイプもある。

ストリングワインダー

マメ知識 マイクロファイバー製のギタークロスは万能。コットン製はギター用オイルを使った手入れに向いている。

あると便利なギターグッズリスト

ギターの練習に役立つ便利なグッズ

　下記のグッズは、持っていなくても練習できるが、併せて買うことで効果的な練習ができる。指板用オイルなどのメンテナンス用のグッズも、長くギターを使うためには欠かせない大切なものだ。

<table>
<tr><td></td><td></td><td></td><td>重要度</td></tr>
<tr><td>☐ メトロノーム</td><td></td><td>正確なテンポを知るために必要。価格は1000円〜5000円ほど。スマホアプリもある。</td><td>★★★★★</td></tr>
<tr><td>☐ リズムマシーン</td><td></td><td>様々なリズムに合わせてギターを弾くことができる。価格は15000円ほど。</td><td>★★★☆☆</td></tr>
<tr><td>☐ レコーダー</td><td></td><td>音を録音するときに役立つ。スマホの録音機能やアプリもよいだろう。2000円〜1万円ほど。</td><td>★★☆☆☆</td></tr>
<tr><td>☐ 指板用オイル</td><td></td><td>ギターをメンテナンスするときに役立つ。小さい容器で充分。価格は500円〜2000円ほど。</td><td>★★★☆☆</td></tr>
<tr><td>☐ ギタースタンド</td><td></td><td>保管時以外に、練習中にちょっとギターを置くときも便利だ。価格は1000円〜8000円ほど。</td><td>★★★★★</td></tr>
<tr><td>☐ ピン抜き</td><td></td><td>弦を交換する際、ブリッジピンを抜くために使う。200円〜1000円ほど。</td><td>★☆☆☆☆</td></tr>
<tr><td>☐ 譜面台</td><td></td><td>折りたたみ式が便利。スチールやアルミ製など素材は様々。1500円〜6000円ほど。</td><td>★★☆☆☆</td></tr>
</table>

Q 高いものと安いものはどこが違うの？

A 耐久性や性能が違うので長く使うなら高いものもアリ

はじめは違いがわかりにくく安いものを選びがち。しかし、高価なものは耐久性や品質が優れているものが多く、頻繁に買い替えをしないものは思い切って高いものを買うのもよいだろう。

Q 予備があるとよいグッズはある？

A 「交換用の弦」「ピック」は予備があるとよい

弦は、初心者の頃に弾き方が悪いと1〜3弦を切ってしまうことがよくある。ピックもすぐにどこかにいってしまいがちなので、これらは予備があると安心だ。

本書に掲載している商品は 2020 年 2 月現在のものです。
メーカーの販売状況によっては全く同じものが入手できない可能性があります。

DVDの見方と特長

本書にはDVDが付属しているので、本書とDVDを両方見ながら練習を進めていこう。

 DVDマークなどがついている箇所は、DVDに演奏例やポイントの解説が収録されている項目。数字は該当するチャプター番号を表している。

現役のギター講師によるわかりやすいレクチャー

監修の中原先生は現役のギター講師として活躍している。ギター初心者が知りたいことをわかりやすく解説してくれる。

大切なところはアップ画面で確認しよう！

弦の交換など、動作が多い項目は、アップ画面や動きに合わせたカメラワークでしっかり確認しよう。

アップ画面
動きの多い項目は、手元や動作をアップ画面で解説。

練習曲は様々なアングルの映像でくわしく解説！

練習曲の項目では、正面からはもちろん、右手と左手のアップで弾いているコードやテクニックを詳しく見ることができる。手の動きをしっかり確認しよう。

TAB譜
画面下にはTAB譜を掲載。どこを弾いているのか一目でわかるように色がついている。

メニュー画面から見たいチャプターを選ぼう

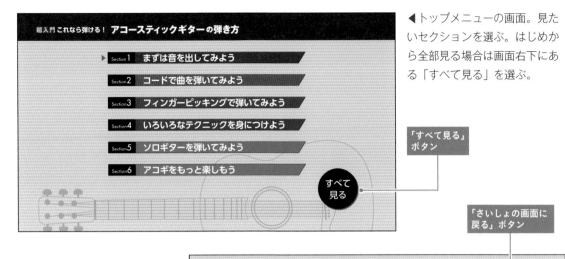

◀トップメニューの画面。見たいセクションを選ぶ。はじめから全部見る場合は画面右下にある「すべて見る」を選ぶ。

「すべて見る」
ボタン

「さいしょの画面に戻る」ボタン

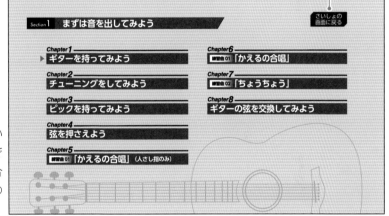

▶各セクションのなかで見たいチャプターを選んで見ることもできる。トップメニューに戻る場合は、画面右上にある「さいしょの画面に戻る」ボタンを選ぶ。

DVDビデオを使用する前にお読みください。

DVDビデオは、映像と音声を高密度に記録したディスクです。DVDビデオ対応のプレーヤーで再生してください。

DVDビデオの取り扱い上のご注意

●このディスクにはコピーガード信号が入っています。そのためコピーすることはできません。
●ディスクは指紋、汚れ、キズ等をつけないようにお取り扱いください。
●ディスクが汚れたときはやわらかい布を軽く水で湿らせ、内周から外周に向かって放射状に軽く拭き取ってください。レコード用クリーナーや薬剤等は使用しないでください。
●ひび割れや変形、また補修されたディスクは危険ですから絶対に使用しないでください。
●使用後は必ずプレーヤーから取り出し、専用の袋に収めてください。直射日光の当たる場所や高温、多湿の場所をさけて保管してください。
●ディスクの上に重いものを置いたり落としたりすると、ひび割れしたりする原因になります。

＊本DVDビデオならびに本書に関する全ての権利は、著作権者に留保されています。成美堂出版株式会社の承諾を得ずに、無断で複写・複製することは法律で禁止されています。
＊本DVDビデオの内容を無断で改変したり、第三者に譲渡・販売すること、営利目的で利用することは法律で禁止されています。
＊本DVDビデオや本書において乱丁・落丁、物理的欠陥があった場合は、不良箇所を確認後お取り替えいたします。必ず本書とディスクをあわせてご返送ください。
＊本DVDビデオおよび本書に関するご質問は、ハガキか封書にてお送りください。なお本書の内容の範囲を超える質問にはお答えできない場合もありますので、ご了承ください。

＊DVD内に一部、先生の解説中に隣接するスタジオの音が音声に入る箇所があります。若干聞きづらい場合もありますが、ご了承ください。

本書の見方

解説ページ

解説ページではギターを弾くために必要となる、基本的な知識や技術を紹介している。何度も読み返してしっかり覚えよう。

DVD 15
付属DVDで扱っている項目と該当するチャプター番号を表しています。

POINT
ページ内で紹介している項目のなかでポイントとなるものを紹介しています。

カラーの写真や図を用いてわかりやすく解説しています。

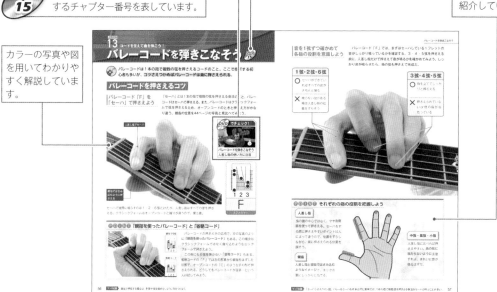

練習曲ページ

練習曲ページではそれぞれのレベルに応じて弾ける譜面を紹介している。DVDとあわせて見ながら練習しよう。

タイトル・歌手・作詞・作曲者名

曲の難易度

コードダイアグラム すぐ弾けるようにTAB譜の上にコードの押さえ方を載せています。

曲のポイント
曲を演奏するためのポイントを紹介しています。

テンポやカポタストのフレット位置、ピッキングのスタイルを載せています。

TAB譜

演奏するときのポイント

指使いの例
指使いは自由ですが、本書では参考として載せています。

セクション進行

歌詞

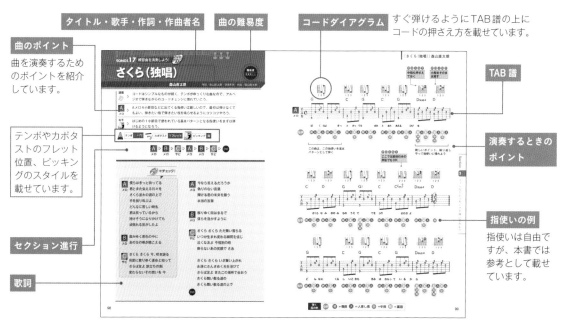

20

まずは音を出してみよう

この章では、アコギを弾くための基本的な知識や動きを紹介する。ギターの持ち方から始めて、チューニングのやり方、簡単なフレーズを弾くところまでまずはやってみよう！

ギターを持ってみよう

 ギターとグッズが用意できたら次は演奏の準備だ。ギターを持って構えてみよう。
常によい姿勢で弾くことが、上級ギタリストへの近道だ！

ストラップのつけ方

立って演奏するときは
ストラップをつけよう

　立ってギターを弾くときは必ずストラップを
つける。このときストラップの長さが適切でな
いと、演奏がうまくできない。ここでは、ス
トラップをつけて、長さを調節するときの手順を
紹介する。

　ピンにストラップをつけたら、立ち上がって
ギターの位置を確認する。右のページの写真を
参考に、腰の上あたりにギターのボディがくる
よう調節しよう。座った状態でストラップの長
さを変えること。慣れてきたら自分のこだわり
のストラップ位置を見つけてみよう。

POINT
ヘッドにストラップをつける方法

　アコギは楽器によってエンドピンしかないタ
イプもある。その場合には、ヘッドにストラッ
プをつけよう。**1**ストラップの穴に紐を通し、
2ヘッド側の弦の下に紐を通す。ナットにぴっ
たり沿うように通ったら、紐をしっかりと結ん
で固定すればOKだ。

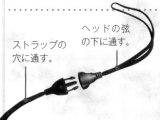

ストラップの
穴に通す。
ヘッドの弦
の下に通す。

パチンとワンタッチ
でストラップをつけ
はずしできるアイテ
ムもある。結ばずに
取りつけられるので、
紐の緩みの心配がな
い。

1 ストラップの向きに注意して
ヘッド側のピンにつける

2 もう片方をエンド
ピンにつける

3 ストラップの長さを
調整する

マメ知識 ストラップピンがついていないアコギは、後からつけることもできる。楽器店の工房でやってもらうのがオススメ。

ギターを弾くときの姿勢

ネックの向き
ネックは少し前に。肩より後ろに向いてしまうと体を痛めてしまう。

右手の位置
サウンドホールのあたりに手を置いて、右腕が自然に90度くらいに曲がるくらいがちょうどよい。

背筋を伸ばす

ギターの高さと角度はこのくらい。ネックを上げすぎないようにする

足は肩幅くらいひらく

ＰＯＩＮＴ
前のめりにならないようにしよう

はじめのうちは、ついネックをのぞきこみたくなるが、座って弾くときも立って弾くときも、猫背にならず背筋を伸ばすことを意識しよう。

GOOD!

BAD...

マメ知識 ▶ 座っても立っても弾けるように、正しい姿勢を意識して練習しよう。

チューニングをしてみよう DVD 2

どんなに頑張って練習をしても、チューニングが合っていなかったら意味がない。
チューニングのやり方を覚えて、正しい音程で練習しよう！

ギターのチューニングの基本

弾く前に行う音程合わせ

チューニングはとても大切だ。音程が合わないまま練習していると間違った音を覚えてしまうため正確な演奏ができない。そうならないために、演奏前は必ずチューニングをする癖をつけよう。

ギターは、ヘッドのペグを回すことで音の高さを上げ下げできる。チューニングでは、それぞれの弦を対応した音に合わせよう。

1〜3弦と、4〜6弦は回す方向が違うので、注意する。

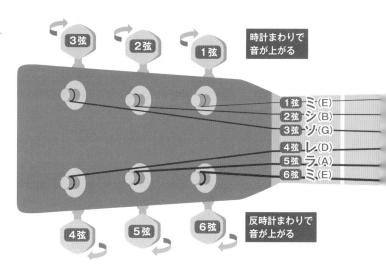

時計まわりで音が上がる

3弦　2弦　1弦

1弦 ミ (E)
2弦 シ (B)
3弦 ソ (G)
4弦 レ (D)
5弦 ラ (A)
6弦 ミ (E)

4弦　5弦　6弦

反時計まわりで音が上がる

チューナーはギタリストの必需品！

チューニングにはチューナーを使うのが一般的だ。この本でオススメしているクリップ式のチューナー（写真下）は、ギターのヘッドに取りつけるだけでよいので、あつかいやすく簡単だ。

クリップ式チューナー

ヘッドにはさんで使う。

DVD でチェック！
チューニングの手順
音の合わせ方の基本を知ろう

P O I N T
エレアコで使えるチューナー

エレアコ（→6ページ）であれば、シールドにつないで使うタイプのチューナーも使える。エレアコ本体のアウトプットジャックと、チューナーのINPUTの端子にギター用ケーブル（シールド）をつないでからチューニングしよう。

INPUTの端子につなぐ。

マメ知識 ▶ ギターのチューニングは、6弦から「ミラレソシミ」だ。「EADGBE」（家で地ビール）と覚えるのもよい。

チューニングのやり方

チューナーの針をよく見て音程を合わせよう！

チューナーの電源を入れたら、**6弦から順番に1本ずつチューニングをする**。

弦を弾くとチューナーの針が下の図のように反応するので、音が低い場合にはペグをしめ、音が高い場合にはペグを緩め、チューナーの針が中心の位置にくるように調整しよう。

この手順を6弦から1弦まで行い、チューニングをしたら耳で音程を確認して、正しい音を覚えよう。

※シールドでつなぐチューナーの場合はギターのボリュームのつまみを上げておかないと反応しないため、注意しよう。

弦は押さえずに、6弦から順に
弦を弾いて音を鳴らそう。

チューナーの画面を見てみよう

音が低い場合

まだ低い…

マイナス（♭マーク）の方向へ針が振れる。

音が高い場合

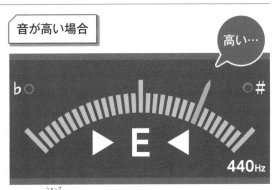

高い…

プラス（♯マーク）の方向へ針が振れる。

音が正しい場合

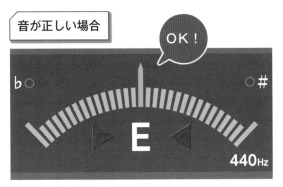

OK！

中心で針が止まればOK。

POINT チューニングのコツ

チューニング時に音が高くなった場合、ペグを緩めてそのまま針を中心に合わせるのではなく、一度、中心より低い音に下げてから、ペグをしめて合わせると、音が安定する。**最後はペグをしめて針を合わせる**、と覚えよう。**チューニングが合ったら、もう一度6弦から音を合わせるのもポイント**だ。

うまくいかない場合は、チューナーのキャリブレーションが440Hzになっているか、チューニングのモードが「ベース」になっていないか確認してみよう。オススメは「クロマチック」モードだ。

マメ知識 「Hz（ヘルツ）」の設定は、ギターは基本的に440Hz、生ピアノと演奏する時は441〜442Hzが多いと覚えておこう。

ピックを持ってみよう DVD 3

 チューニングが終わって、ギターを弾く準備が整った。次は、ピックを持ってギターを弾いてみよう！

ピックの持ち方

人差し指にピックをのせて握り込もう

　　ピックは人差し指と親指ではさんで持つのが一般的だ。まずは下の写真を見ながら、基本の持ち方を試してみよう。強く握って力が入るとよくないので、楽にして持つとよい。

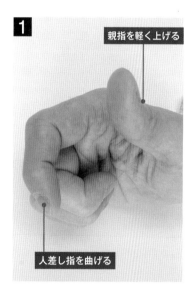

1
親指を軽く上げる
人差し指を曲げる

2
人差し指の第1関節あたりにピックを置く

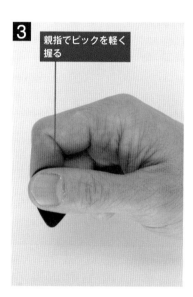

3
親指でピックを軽く握る

ＰＯＩＮＴ ピックを持つ位置は深すぎたり、浅すぎたりしてもNG

GOOD!

ピックの先端を少しだけ出して、ボディに対して垂直に当てるように意識して弾くとよい。

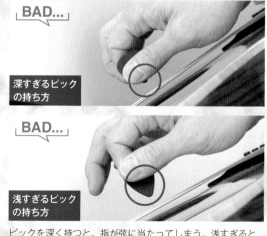

BAD...
深すぎるピックの持ち方

BAD...
浅すぎるピックの持ち方

ピックを深く持つと、指が弦に当たってしまう。浅すぎるとピックが安定しないので注意しよう。

ピッキングの種類

まずは上から下へ
次に下から上に

　ピッキングとは、弦を弾いて音を鳴らすことだ。

　まずは弦を上から下へ弾く「ダウンピッキング」で6弦の音を鳴らしてみよう。

　続けて弦を下から上へ弾く「アップピッキング」で6弦の音を鳴らしてみよう。

　力みすぎずに適度に力を抜いてピッキングできるようにしよう。

℗⃝🅞⃝🅘⃝🅝⃝🅣⃝
弦を弾くときの強さは
動画を見て、参考にしよう

どのくらいの強さで弦を弾けばよいかが、はじめはわからないもの。DVDを見て、力の加減を確認してみよう。

DVD でチェック！

単音ピッキングとストローク
ピッキングの強さに注目

単音ピッキング

弦を1本だけ弾く
「単音ピッキング」

　弦を1本だけ弾くことを単音ピッキングという。メロディやギターソロを弾くときには、単音ピッキングで演奏するケースが多い。単音ピッキングで弾くときは、弾きたい弦以外の弦の音が鳴らないように注意しよう。

　最初は弾きたい弦をピンポイントで鳴らせるように、弦を見て鳴らしてもよい。

弦を1本だけ弾く

ストローク

弦をまとめて複数弾く
「ストローク」

　複数の弦をまとめてジャカジャカとかき鳴らすように弾くことをストロークという。ストロークについては48ページもチェックしよう。

　複数の音を使ったコード（和音）を演奏するときに使われる。コードについては、42ページで詳しく解説している。

複数の弦をまとめて弾く

27

LESSON 04 ギターってどう弾くの？
弦を押さえよう DVD 4

ギターの音程は「弦を押さえる位置」で決まる。左手を使って「ド」の音を押さえてみよう。左手の構えには様々なスタイルがあるので、あわせて見てみよう！

ネックを見てみよう

フレットと押さえる場所

ギターの指板はフレット（指板にある金属の棒）によって仕切られていて、押さえる位置によって音程が決まる。TAB譜（→30ページ）では「○弦の○フレットを押さえる」というように指示が書いてあるので、弦とフレットの関係を覚えておこう。

金属の棒の真上ではなく、下の図で示した範囲を押さえよう。

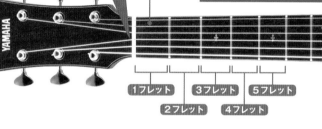

どこのフレットを押さえるかによって音程が変化する

1弦　2弦　3弦　4弦　5弦　6弦

1フレット　2フレット　3フレット　4フレット　5フレット

POINT
弦を押さえる位置のポイント

弦を押さえるときはフレット（金属の棒）のボディ側近くを押さえよう。

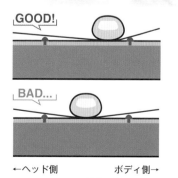

GOOD!

BAD...

←ヘッド側　　　ボディ側→

「ド」の音を弾いてみる

ボディ側のフレットの近くを押さえてドレミの「ド」の音を押さえてみよう。右ページの弦の押さえ方を見て、左手の形も意識してみよう。

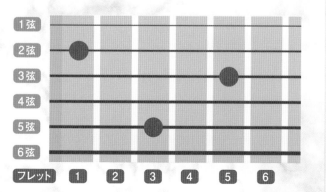

1弦　2弦　3弦　4弦　5弦　6弦

フレット　1　2　3　4　5　6

弦の押さえ方（押弦）

（おうげん）

 DVD 4

2種類のフォームで弦を押さえてみよう！

　左手の構え方には大きく分けて「ロックフォーム」と「クラシックフォーム」がある。オープンコードや単音ピッキングではロックフォームを使うことが多く、パワーコードやバレーコードではクラシックフォームが多くなる。それぞれ弦を押さえるポジションやフレーズによって使い分けよう。

DVD でチェック！

弦を押さえよう
左手の親指の使い方に注目

ロックフォーム

ネックと手のひらはベッタリつけず、間に少し空間ができるように握る

ネックを手のひらで握るようにして構える。手首が自然な角度になるので安定感がある。「シェイクハンドスタイル」とも呼ぶ。押さえる弦とフレットによっては、親指はネックの上に乗せるくらいの位置になる。

親指がネックの上にくるように構える

クラシックフォーム

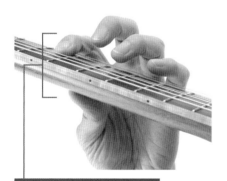

親指と人差指でネックをはさみ込むようにして構える

ネックを指ではさみ込むようにして構える。ロックフォームと比べて、指を指板に立てるようにして押さえる。

親指がネックの裏側にくるように構える

ウラから見た位置

単音ピッキングで弾いてみよう

弦の押さえ方がわかったら、後は曲やフレーズを弾くだけだ！　練習を進めていくために TAB 譜の基本的な見方を覚えて単音ピッキングで弾いてみよう！

ギターのための譜面（TAB 譜）の見方

ギターを練習するなら必要になる専用の譜面

譜面には様々な種類があるが、この本では主にＴＡＢ譜で練習フレーズや練習曲を紹介している。ここでは簡単なＴＡＢ譜の見方を覚えよう！

ＰＯＩＮＴ
TAB 譜の簡単な見方

○ 数字はフレットの数
○ 音符の位置は使う弦　⎫を表す

1弦
2弦
3弦
4弦
5弦
6弦

フレット数
TAB譜の線の上に書かれている数字はフレット数を表している。この場合は、5弦の2フレットを押さえることを表している。フレットについて詳しくは28ページ。

ギターの弦を表す線
縦に並んだ6本線はギターの弦と対応している。上から順に1弦、2弦、3弦となり、一番下の線が6弦を表す。

TAB 譜での音符と拍の数えかた

音符は4分音符（1拍分の長さ）を基準にして、様々な音符で音の長さを表している。音の長さについては、TAB 譜も普通の楽譜と同じなので、下の例を見て覚えよう。

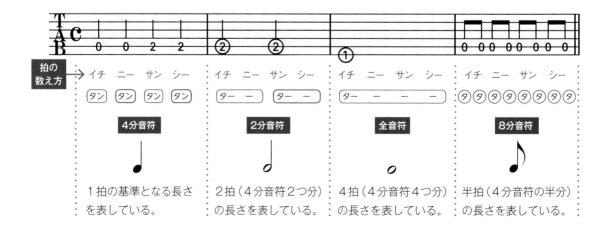

拍の数え方	イチ ニー サン シー	イチ ニー サン シー	イチ ニー サン シー	イチ ニー サン シー
	タン タン タン タン	ター ー ター ー	ター ー ー ー	タ タ タ タ タ タ タ タ
	4分音符	**2分音符**	**全音符**	**8分音符**
	1拍の基準となる長さを表している。	2拍（4分音符2つ分）の長さを表している。	4拍（4分音符4つ分）の長さを表している。	半拍（4分音符の半分）の長さを表している。

マメ知識　「TAB譜＝ギターの譜面」というわけではなく、ハーモニカや鍵盤楽器などにもそれぞれ見方が異なる専用のTAB譜がある。

フレーズを弾いてみよう

曲を弾いてTAB譜の見方に慣れよう

まずはTAB譜の見方に慣れるために短いフレーズを単音ピッキングで弾いてみよう。譜面と一緒に演奏のヒントがあるので、参考にしながら弾こう。

SONGS01

かえるの合唱

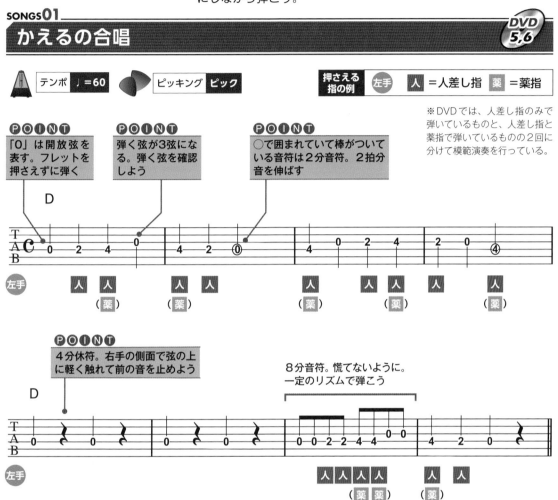

テンポ ♩=60　　**ピッキング** ピック

押さえる指の例 左手 人＝人差し指 薬＝薬指

※DVDでは、人差し指のみで弾いているものと、人差し指と薬指で弾いているものの2回に分けて模範演奏を行っている。

POINT 「0」は開放弦を表す。フレットを押さえずに弾く

POINT 弾く弦が3弦になる。弾く弦を確認しよう

POINT ○で囲まれていて棒がついている音符は2分音符。2拍分音を伸ばす

POINT 4分休符。右手の側面で弦の上に軽く触れて前の音を止めよう

8分音符。慌てないように。一定のリズムで弾こう

POINT 「かえるの合唱」演奏のポイント

左手 ▷ 弦を押さえるとき、左手はロックフォームで構えよう。この曲はすべての音を人差し指だけで押さえて弾いてみて、慣れたら薬指も使ってみよう。

ピッキング ▷ この譜面では、単音しか出てこないので、右手は単音ピッキングしか使わない。すべての音をダウンピッキングで弾いてみよう。

テンポ ▷ メトロノームに合わせて弾くのは難しいので、**はじめは自分のテンポで弾こう。**慣れてきたらメトロノームに合わせて弾いてみるとよい。

Section 1 まずは音を出してみよう

マメ知識 TAB譜の上に書いてある「D」などのアルファベットはコードを表している（→42ページ）。

ちょうちょう

難易度
★☆☆☆☆

左手 ▷	左手はロックフォームで構える。右ページの説明も見て、１フレットの音はすべて人差し指、３フレットの音はすべて薬指で押さえて弾いてみよう。
ピッキング ▷	１弦と２弦しか使わないシンプルな譜面。すべての音をダウンピッキングで弾いてみよう。鳴らしたい弦をピンポイントで弾けるようにしよう。
テンポ ▷	はじめは自分のテンポで弾いてもよい。慣れてきたらメトロノームに合わせて弾いてみるとよい。４分音符と２分音符の長さを意識しよう。

テンポ ♩=70　　ピッキング **ピック**　　押さえる指の例 左手 **人**＝人差し指 **薬**＝薬指

ＰＯＩＮＴ
弦を押さえていないときでも指はフレットから遠く離さない

ＰＯＩＮＴ
弾く弦が2弦に変わる

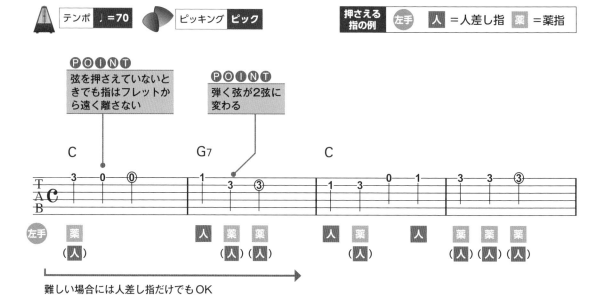

難しい場合には人差し指だけでもOK

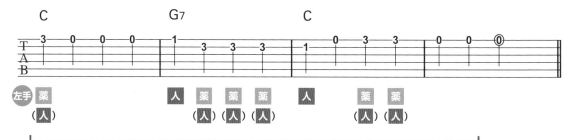

４分音符が続くフレーズ。４分音符の長さを均等のリズムで弾こう

単音を押さえるときの注意点

弦を押さえる指以外にも注目しよう

単音を押さえるときの注意点を見てみよう。弦を押さえていない指にも意識を向けて弾けるように練習してみよう。

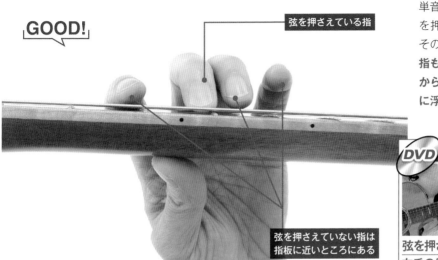

GOOD!

弦を押さえている指

弦を押さえていない指は指板に近いところにある

単音ピッキングのときに弦を押さえる指は1本だけ。そのときに**押さえていない指も適度に力を抜いて、弦からほんの少し離した位置に浮かせておく。**

DVD でチェック！

弦を押さえよう
左手の使い方に注目

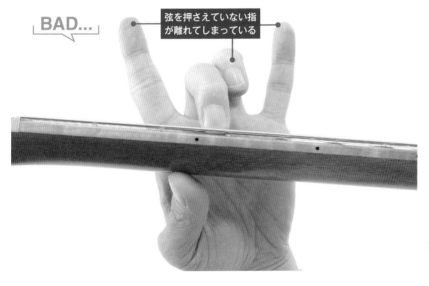

BAD...

弦を押さえていない指が離れてしまっている

中指で1か所を押さえることに集中しすぎて、他の指が離れてしまっている。この状態からでは、押さえる指を変えるときにスムーズに次のフレーズに移れない。

℗◎ℹ℗Ⓝ⊤
爪の長さに気をつけよう

左手の爪が伸びているときちんと弦を押さえることができない。指のはら側から見て爪がはみ出さないくらいの長さに整えておこう。

爪がはみ出て見えないくらいの長さにしよう

左手

Section **1** まずは音を出してみよう

33

ギターの弦を交換してみよう DVD 8

 弦が切れたり古くなったりしたら、新しい弦に交換しよう。ここではまとめてすべての弦を交換するときの手順を紹介する。

弦を交換する方法

DVDを見ながら交換の手順を見てみよう！

ほとんどのアコースティックギターはこのやり方の通りに弦を交換することができる。

用意するもの

ニッパー

新しい弦

ギタークロス

ストリングワインダー
（→12ページ）

ピン抜き（あれば）
（→13ページ）

DVD でチェック！
ギターの弦を交換しよう
弦交換の手順やコツに注目

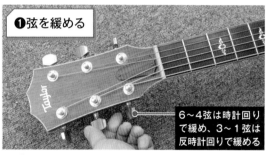
❶弦を緩める
6〜4弦は時計回りで緩め、3〜1弦は反時計回りで緩める

ペグを回して弦を緩める。

❷弦を切る
切った弦が跳ねないように手で押さえる

ニッパーで弦を切る。ケガをしないように注意する。

❸ヘッド側の弦をはずす

ペグに巻きつけてある弦をほどきながらはずす。

❹弦をまとめる

ほどいた古い弦は輪のようにしてまとめておく。

❺ブリッジピンを抜いて弦をはずす
ボディを傷つけないようにギタークロスを敷く

ピン抜きやストリングワインダーの溝でピンを抜く。抜いたらブリッジ側の弦もはずし、まとめておく。

❻ポストの向きをそろえる
ペグポスト

弦を通しやすくするために、**ペグポスト**（弦を通して巻くところ）**の穴の向きをネックと水平にする。**

マメ知識 弦をはずしたら、ネックをギタークロスで拭いてあげよう。

❼弦を取りつける

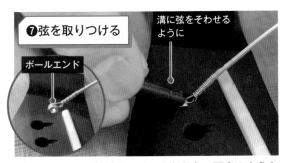

ボールエンド
溝に弦をそわせる
ように

ボールエンドの穴が開いている向きを、写真のような
向きにしてブリッジの穴に弦を入れる。

❽ブリッジピンを押し込み弦を通す

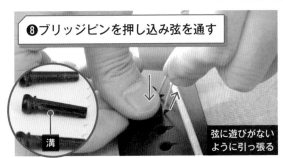

溝
弦に遊びがない
ように引っ張る

ピンを奥まで押し込み、ピンを押さえながら弦を引く。
その後ペグポストの穴に弦を通していく。

❾1～1.5フレット分弦を引く

ペグポストに巻く量を決める。6～4弦は1フレット分、
3～1弦は1.5フレット分、弦をボディ側へ引き戻す。

❿半周巻いたら弦の下を通す

弦の先端は
下側を通す

張っている弦を
指で押さえる

半周を巻いたら弦の先端を、張っている弦の下側を通して1
周巻く。6～4弦と3～1弦はペグを巻く向きが違うので注意。

⓫2周目は弦の上を通す

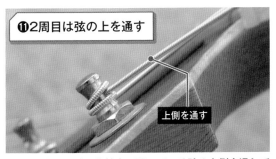

上側を通す

2周目からは、弦の先端を、張っている弦の上側を通して
巻いていく。1周目と2周目で弦をはさみ込んだ形になる。

⓬余った弦を切る

ナット

弦に張りが出るまで巻き、ナットの溝に弦が乗ってい
るか確認し、先端の余った弦をポストの穴の近くで切る。

ⓅⓄⓘⓃⓣ
ボールエンドの位置に注意

ボールエンドの位置は、下図の位置になるようにし
よう。しっかりはめられていないと、ピンが浮いて
くる原因になる。

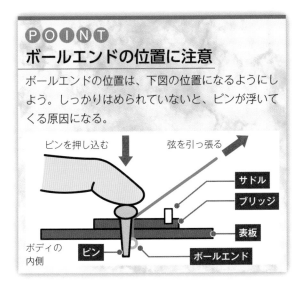

ピンを押し込む
弦を引っ張る
サドル
ブリッジ
表板
ボディの
内側
ピン
ボールエンド

ピン抜きやストリングワインダーがない場合

クロスを持って
サウンドホール
に手を入れる

ピンが飛ばないように
手を添えておくとよい

4の後、ギタークロスを手に持ち、サウンドホールに
手を入れて、ブリッジの下からピンを押し上げてピン
を抜くこともできる。ピンが飛びやすいので注意。

Section

1

まずは音を出してみよう

マメ知識 ▶ 弦を交換した直後はチューニングが乱れやすいので、12フレットあたりの位置で弦をつまんで軽く引っ張っておくとよい。

ギターをメンテナンスしよう

ギターのメンテナンスに必要なもの

　ギターに汚れやホコリがたまると、故障の原因になるため、定期的に掃除しよう。ギターの掃除は、弦をはずしたり緩めたりして、ギターの全体を拭くことが基本だ。弦を交換するタイミングで手入れするのもよい。

　右の写真のオレンジオイルは楽器の乾燥を防いでくれ、主に指板やブリッジに塗る。ギターポリッシュはボディに塗り、指板には塗らない。ポリッシュは、ギターの塗装仕上げによって使えないものもあるので、確認しよう。どちらも塗りすぎには注意。

オレンジオイル

ギターポリッシュ

ギタークロス

ギター全体をクロスで拭こう

オイルなどで手入れをする前に楽器全体を拭いてホコリを落とそう。

ギタークロスで指板を拭く。

1

ボディを拭く。

2

ヘッドも拭いておこう。

3

指板を掃除して、オイルを塗ろう

　アコギの指板は、エボニーやローズウッド（茶や黒などの暗い色）などの木でできているものが多い。木は乾燥に弱いので、オレンジオイルを塗って掃除と一緒に保湿をしよう。オイルを塗るときはマイクロファイバー製より、コットン製のクロスのほうがオススメだ。

ティッシュや布にオレンジオイルをつける（少量）

指板に塗っていく。フレットの近くは綿棒などを使うとやりやすい

　マメ知識▶ オレンジオイルとポリッシュをつけるクロスは別のものにしておくとよい。

コードで曲を弾いてみよう

この章では、ギターを弾くための演奏の
基礎知識や、曲の伴奏で使うコードにつ
いて紹介していく。この章を終えれば、基
本的な伴奏のテクニックは身につくぞ！

ギターを楽しむための譜面の基礎知識

 多くの練習曲を弾いてレベルアップするには、様々な譜面の知識が必要になる。特に音符や休符の長さをつかむことは大切なので、しっかりと身につけよう！

様々な音符と休符

譜面の知識を深めよう！

30ページで学んだ「TAB譜の簡単な見方」の他にも、覚えておくとよい譜面の知識がたくさんある。拍のとり方や特殊な音符の例は、普通の譜面でもTAB譜でも意味は一緒なので、譜面の基礎知識を深めよう！

基本的な音符と休符

4分の4拍子

五線譜

4分音符
1拍の基準となる長さを表している。

全音符
4拍（4分音符4つ分）の長さを表している。

2分音符
2拍（4分音符2つ分）の長さを表している。

8分音符
半拍（4分音符の半分）の長さを表している。

ウン タン ウン タン

ン タン タン ン タン ン タ

4分休符
4分音符と同じ長さの休みを表している。

全休符
全音符と同じ長さの休みを表している。

2分休符
2分音符と同じ長さの休みを表している。

8分休符
8分音符と同じ長さの休みを表している。

ＰＯＩＮＴ　4分の4拍子以外の拍子記号

4分の4拍子は、1つの小節に4分音符が4つ入るという意味の拍子記号。他にも様々なリズムがある。

4分の3拍子

次の小節へ →

4分の5拍子

次の小節へ →

4分音符3つ分で、次の小節にうつる。「タンタンタン」というリズムで1小節。

4分音符5つ分で、次の小節にうつる。「タンタンタンタンタン」というリズムで1小節。

マメ知識▶ 8分の6拍子というリズムもある。8分音符が6つ分で1小節のリズムだ。

ⓅⓄⒾⓃⓉ 音符と休符の長さと相互関係のまとめ

各音符の長さ

$$♩ + ♩ + ♩ + ♩ = o \quad \text{(全音符)}$$

$$♩ + ♩ = ♩ \quad \text{(2分音符)}$$

$$♩ \times \frac{1}{2} = ♪ \quad \text{(8分音符)}$$

$$♩ \times \frac{1}{4} = ♬ \quad \text{(16分音符)}$$

各音符の相互関係

（全音符）

（2分音符×2）

（4分音符×4）

（8分音符×8）

各休符の長さ

$$𝄽 + 𝄽 + 𝄽 + 𝄽 = 𝄻 \quad \text{(全休符)}$$

$$𝄽 + 𝄽 = 𝄼 \quad \text{(2分休符)}$$

$$𝄽 \times \frac{1}{2} = 𝄾 \quad \text{(8分休符)}$$

$$𝄽 \times \frac{1}{4} = 𝄿 \quad \text{(16分休符)}$$

各休符の相互関係

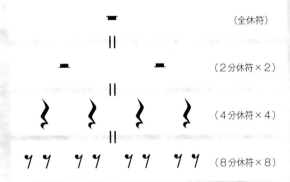

（全休符）

（2分休符×2）

（4分休符×4）

（8分休符×8）

特殊な音符や演奏記号

付点音符

音符の横に付点（小さい黒丸）がある音符。元の長さの1.5倍の長さで演奏する。（　）内は実際の長さ。

スタッカート

音符の上か下に小さい黒丸がある場合、音を短く切って演奏する。

タイ

つながった同じ音程の音符をひとつの音符として演奏する。

スラー

つながった異なる音程のフレーズをひとつなぎに滑らかに演奏する。

連桁付き音符

音符をつなげて表記している。上の例であれば8分音符2つ分と同じ。

連符

音符を指定の数に等分にして演奏する。上の例の3連符（左）であれば、4分音符の長さを3等分にして演奏する。

マメ知識 ▶ タイは必ず同じ高さの音符につく。スラーは異なる音につく。

TAB譜の見方

TAB譜を詳しく読んでみよう！

ここまでに登場したTAB譜はすべて単音ピッキングだったが、ストロークで弾くコード（和音）の場合は下の例のように表記する。コードや省略記号などは、この先の譜面にも出てくるのでよく覚えておこう。

拍子 曲のはじめや、曲中で拍子が変わるときに表記される。「**C**」は4分の4拍子を意味する記号。

コード 下のフレーズや小節の構成音を表す。
▌▌**詳しくは 42 ページ**

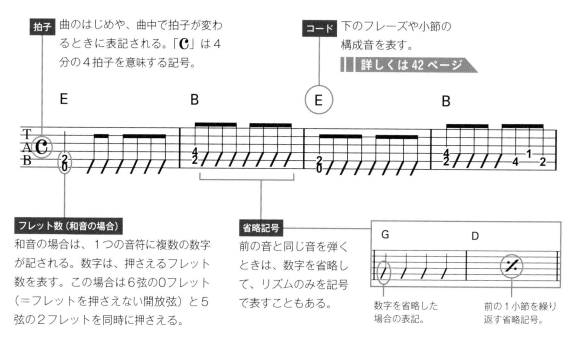

フレット数（和音の場合） 和音の場合は、1つの音符に複数の数字が記される。数字は、押さえるフレット数を表す。この場合は6弦の0フレット（＝フレットを押さえない開放弦）と5弦の2フレットを同時に押さえる。

省略記号 前の音と同じ音を弾くときは、数字を省略して、リズムのみを記号で表すこともある。

数字を省略した場合の表記。

前の1小節を繰り返す省略記号。

ⓅⓄⒾⓃⓉ ギター特有のテクニックを表す演奏記号

難しい譜面になると、単純に音を鳴らすだけではない、ギターテクニックを指示する記号も登場する。詳しい弾き方はそれぞれの解説ページで見てみよう。

スライド 指で弦を押さえたまま横に滑らせて、あるフレットから目的のフレットまで移動するテクニック。
▌▌**詳しくは 134 ページ**

プリングオフ 弦を指で引っかけて音を鳴らすテクニック。
▌▌**詳しくは 108 ページ**

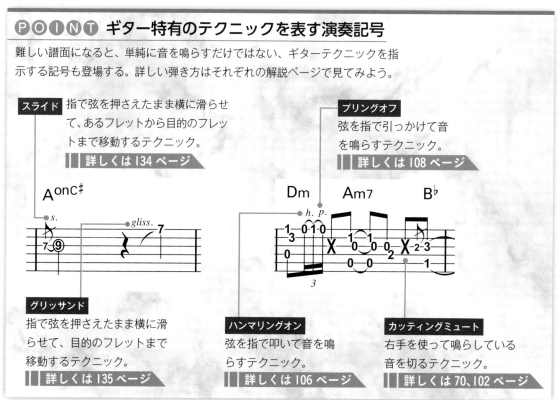

グリッサンド 指で弦を押さえたまま横に滑らせて、目的のフレットまで移動するテクニック。
▌▌**詳しくは 135 ページ**

ハンマリングオン 弦を指で叩いて音を鳴らすテクニック。
▌▌**詳しくは 106 ページ**

カッティングミュート 右手を使って鳴らしている音を切るテクニック。
▌▌**詳しくは 70、102 ページ**

基本的な指示記号

演奏の順序を覚えよう！

楽譜を見やすくしたり、省略したりするために使われている指示記号。
これを知らないと演奏の順序がわからないので覚えよう。

リピート記号　リピート記号のはじまりと終わりの間にある小節を繰り返して演奏する。例2のように、曲のはじまりから繰り返す場合は、はじめのリピート記号は基本的に省略する。

例1

進行：A→B→C→B→C→D…

例2

進行：A→B→C→A→B→C→D…

カッコ　繰り返す部分が1回目と2回目で違う場合はカッコで示す。

例

進行：A→B→C→A→B→D

ダ・カーポ　**フィーネ**　「D.C.」のついている小節の終わりから曲のはじまりに戻って演奏する。「Fine」やフェルマータ記号「⌒」がある場合にはその箇所で演奏を終える。

例

進行：A→B→C→D→E→F→A→B

ダル・セーニョ　「D.S.」のついている小節の終わりからセーニョ記号「𝄋」まで戻って演奏する。「Fine」やフェルマータ記号「⌒」がある場合にはその箇所で演奏を終える。

例

進行：A→B→C→D→E→F→B→C

コーダ　トゥコーダ記号「to⊕」のついている小節からコーダ記号「⊕ Coda」のついている小節まで飛んで演奏する。

例

進行：A→B→C→D→A→B→E→F…

Ⓟⓞⓘⓝⓣ 反復記号の優先順位　**リピート記号 > ダ・カーポ > ダル・セーニョ > コーダ**

LESSON 08 コードを覚えて曲を弾こう！
コードの基本を覚えよう

ここからは「コード（和音）」を使ったフレーズを練習しよう。コードを覚えることでギターの演奏がぐっと楽しくなる。まずは基本からおさえていこう。

コードの見方

▌コードってなに？

高さの違う２つ以上の音が同時に鳴っているときの音をコード（和音）と呼ぶ。コードはTAB譜の小節の上にアルファベットで書かれている。

コードとそのコードの弾き方を覚えると、どんな曲でもそれらしく弾けるようになる。アコギを楽しむために欠かせない知識だ。

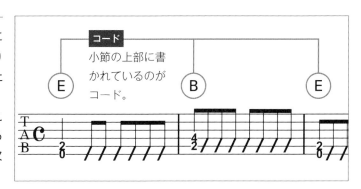

▌アルファベットの 意味は？

TAB譜に書かれた大文字のアルファベットはそのコードの基準となる音（ルート音）を表している。「ドレミ…」の音を、英語読みの「ＣＤＥ…」に変換したものなので、右の対応表を見て覚えよう。

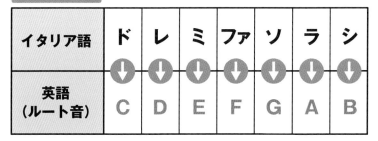

ルート音一覧

イタリア語	ド	レ	ミ	ファ	ソ	ラ	シ
	↓	↓	↓	↓	↓	↓	↓
英語 （ルート音）	C	D	E	F	G	A	B

ルート音とは ▶ コード名の最初のアルファベットで、そのコードの「基準となる音」を表す。

▌様々なコード

コードには様々な種類がある。右の例のように、ルート音のアルファベットに続いて他の数字や文字を足すことでそのコードを構成する音を表している。

メジャーコード

C
シーメジャー

シーメジャーセブンス
CM7 など

よく使われる基本的なコード。明るく感じる音が多い。CMはCと同じ。

マイナーコード

Cm
シーマイナー

シーマイナーセブンス
Cm7 など

メジャーコードに比べると暗い雰囲気を感じる音が多い。

その他のコード

Cdim
シーディミニッシュ

シーサスフォー
Csus4 など

曲のなかでアクセント的に使われることの多いコード。

マメ知識 ▶ ドレミファソラシドは日本での音名は「ハニホヘトイロハ」になる。イ長調・ハ短調などの「イ」「ハ」はこれのこと。

コードダイアグラムの見方

フレットとコード ダイアグラムの関係を知ろう

コードダイアグラムは、コードを弾くときに左手でどこを押さえればよいかをわかりやすく図にしたもの。コードダイアグラムを見れば、どの弦のどのフレットを押さえればよいかを、視覚的にとらえることができる。

ギターのフレット数と、ダイアグラムで描かれるフレットは右図のように対応している。

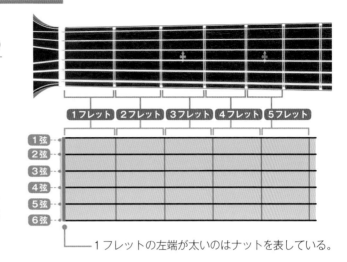

1フレットの左端が太いのはナットを表している。

コードダイアグラムの「C」

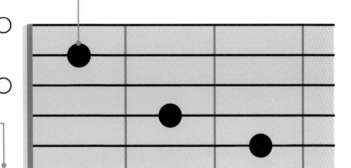

押弦
指で押さえる弦は●で示す。

開放弦
弦を押さえないで弾くことを示す。

ミュート
開放弦を弾かずにミュートする場合は×で示す。

ミュートとは 左手の指で弦に軽く触れて、音が鳴らないようにすること。触れ方は44、120ページも見てみよう。

フレット 下に書かれた数字は押さえるフレットを示している。

Section 2 コードで曲を弾いてみよう

この本での表記

左手	人 ＝人差し指
	中 ＝中指
	薬 ＝薬指
	小 ＝小指

どの指で押さえるのかわかるように図示してある。

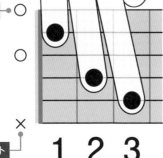

開放弦

ミュート

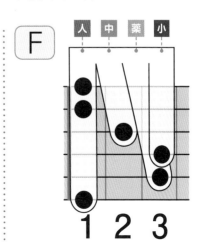

オープンコードを弾きこなそう DVD 9

オープンコードとはフレット押さえないで鳴らす開放弦も含んだコードのことだ。
基本のオープンコードを弾けるように練習してみよう。

オープンコードを押さえるコツ

オープンコードは
ロックフォームで押さえる

オープンコードは基本的にロックフォーム（→29ページ）で押さえる。ここでは試しに「C」を押さえてみよう。握り込むようにして押さえると、少ない力で自然に押さえられるはずだ。

GOOD!

押さえた指が自分の
方に向くようにする

親指を軽く弦に当て
て6弦をミュート。
弦が響いて鳴らなけ
ればよい

ロックフォーム

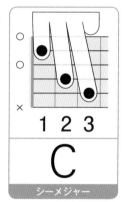

1 2 3

C

シーメジャー

弦を押さえた指が、自分の顔の方向を向くようにイメージして押さえるとよい。6弦をミュートする場合は、親指を使う。

BAD...

DVD でチェック！

オープンコードを弾きこなそう

指の立て方や向きに注目

指板に指を立てて押さえることを意識しすぎて、不自然に構えてしまっている。

マメ知識 ▶ コードの「C」は「CM」と同じ。「CM」のように、Mは大文字で書く。メジャーの記号を「C△」「CMaj」と表記することもある。

音がきちんと出ているか
1弦ずつ弾いて確かめよう

　オープンコードを練習するときに大切なのは、1本1本の弦をしっかりと鳴らすこと。最初は1本ずつ弦を弾いて、しっかりと音が出ているかを確かめながら練習しよう。音が出ない場合はその理由を探って改善だ！　左ページと同じオープンコード「C」を押さえて確認してみよう。

1弦
○ 他の指が当たらず開放弦の音がきれいに鳴っている

✕ 人差し指、中指のつけ根、手のひらが当たっている

2弦
○ 指の第1関節を曲げて立てて、しっかりと押さえる

✕ きちんと押さえられていない

3弦
○ 他の指が当たらず開放弦の音がきれいに鳴っている

✕ 人差し指か中指が当たっている

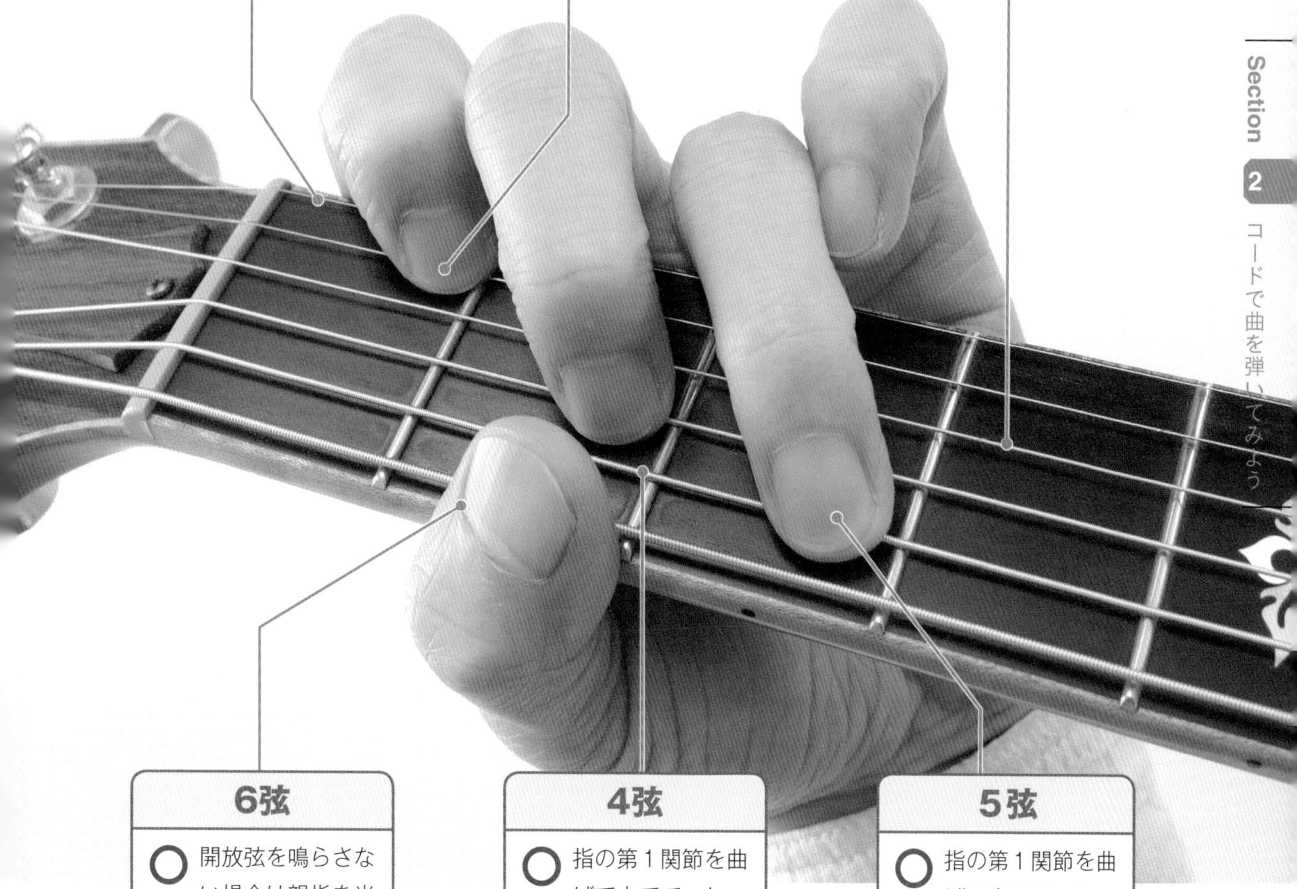

6弦
○ 開放弦を鳴らさない場合は親指を当ててミュートする

✕ 音が鳴る場合はきちんとミュートができていない

4弦
○ 指の第1関節を曲げて立てて、しっかりと押さえる

✕ きちんと押さえられていないor薬指が当たっている

5弦
○ 指の第1関節を曲げて立てて、しっかりと押さえる

✕ きちんと押さえられていない

Section

2

コードで曲を弾いてみよう

マメ知識 ▶ コードの「C」を「ツェー」と呼ぶ人もいる。「ツェー」はドイツ語での音名だ。

よく使うオープンコード

DVD でチェック！
オープンコードを弾きこなそう
代表的なコードのポイントを紹介

3弦に薬指が当たらないように指を立てる

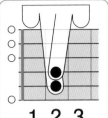

Em
イーマイナー

POINT
6弦の開放弦をしっかり鳴らすことと、3弦に薬指が当たらないように意識するとよい。

中指が寝ないように押さえれば2弦に中指が当たらない

6弦は親指でミュートする

D7
ディーセブンス

POINT
2弦に中指が当たらないようにすれば、他の音は鳴らしやすい。6弦はしっかりミュートしよう。

小指をコの字形にしっかり曲げて1弦を押さえる

薬指が5弦に当たらないようにする

G
ジーメジャー

POINT
慣れるまで小指の押さえ方が難しいが、意識して練習しよう。6弦を押さえる薬指が5弦に当たらないように注意。

1弦に手のひらが当たらないようにする

6弦をミュートする場合は親指を使う

A
エーメジャー

POINT
手のひらが1弦に当たらないように注意すれば、弾きやすいコード。6弦をミュートする場合は親指を使う。

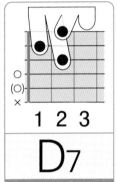

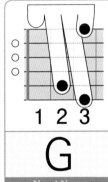

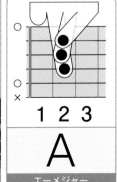

マメ知識 「G」「A」「D」などのコードは、普通の会話では、「メジャー」を省略して単に「ジー」「エー」「ディー」と呼ぶことも多い。

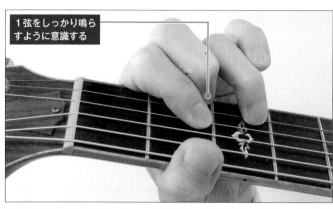

1弦をしっかり鳴らすように意識する

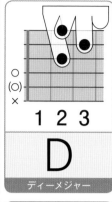

○
(○)
×

1 2 3

D
ディーメジャー

POINT
押さえやすいコード。1弦をしっかり鳴らせるよう意識しよう。2フレットを人差し指1本で押さえる方法もある。

人差し指が2弦に当たらないようにする

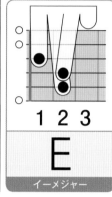

○
○

1 2 3

E
イーメジャー

POINT
人差し指が2弦に当たらないよう注意して、すべての弦をしっかりと鳴らそう。

6弦は親指でミュートする

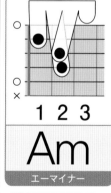

○
○
×

1 2 3

Am
エーマイナー

POINT
Eと似た押さえ方。開放弦に指が当たらないように注意しよう。6弦のミュートは親指を使う。

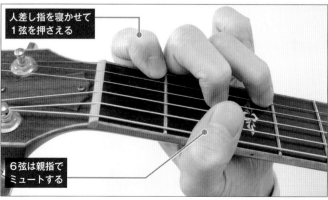

人差し指を寝かせて1弦を押さえる

6弦は親指でミュートする

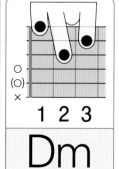

○
(○)
×

1 2 3

Dm
ディーマイナー

POINT
人差し指を寝かせて1弦を押さえよう。2弦は写真のように薬指を使って押さえてもよい。

マメ知識 ▶ マイナーは小文字の「m」で書く。

ストロークを練習してみよう

 右手で複数の弦をジャラランと弾くことをストロークという。曲を練習する前に
ストロークの基本のポイントを見てみよう！

ストロークのポイント チャプターの後半をチェック！

手首をやわらかくして弦を弾く

ストロークはひじから腕を大きく振るわけではない。ひじを支点として、手首をやわらかく動かしてみよう。ピックを持つ手や腕に、力を入れすぎないように適度に力を抜こう。

GOOD!

腕の振りは、自然に手首の動きについてくるくらいでよい。

BAD...

手首も固く、腕ごと大きく振ってしまっている。

DVD でチェック！

ストロークを練習しよう
右手首と腕の動きに注目

POINT 手首の動きを横から見てみよう

ストロークは、手首のスナップを意識してみよう。手首を軸に回転させるイメージだ。

また、ピックを持つ手に力を入れすぎないようにしよう。力を入れすぎると、ピックが弦に引っかかってピックを落としてしまいやすい。

ダウンストロークとアップストローク

ストロークはダウンと
アップの繰り返し

ダウンストロークは、6弦から1弦に向かって下に弾くストロークのこと。アップストロークは1弦から6弦に向かって上に弾くストロークのこと。これを繰り返して曲を弾いていく。

慣れてきたら、ストロークに強弱や抑揚をつけてみることを意識してみよう（→77ページ）。

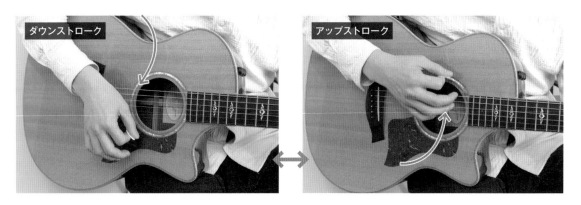

| ダウンストローク | アップストローク |

この本での表記　本書では、ダウンとアップの記号を矢印（↓、↑）で表記している。単音ピッキングでもストロークでもダウンのときは「↓」、アップのときは「↑」だ。

リズムのタイミングをとるための空振り（空ピッキング）は「（↑）」のように、カッコで表記している（→52ページ）。

ストロークの場合

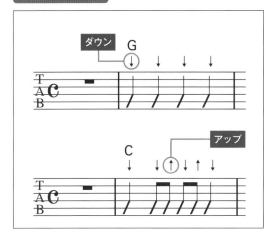

単音ピッキングの場合

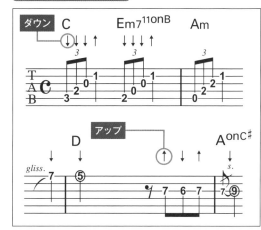

ⓅⓄⒾⓃⓉ 音楽記号のダウンとアップ

ダウンとアップは、一般的に右の記号で記される。バイオリンなどの弦楽器で弓の動きを示した記号で、ギターの譜面でもよく使われている。

ギターでは単音ピッキングとストロークのアップダウンの指示に使われる。

| ダウン | アップ |

オープンコードだけで曲を弾いてみよう

まずはゆっくりなテンポでやってみよう！

曲を練習しながら、コードに慣れていこう。「桜坂」のワンフレーズをコードダイアグラムも載せたTAB譜で表すと下記のようになる。演奏のヒントがあるので、参考にしながら弾いてみよう。

SONGS 03

桜坂
福山雅治

作詞／福山雅治　作曲／福山雅治

DVD 10

テンポ ♩=90　　ピッキング ピック

基本的なコードばかり出てくる練習曲を弾きながら、少しずつコードを覚えていこう。右手が固くならないように意識しながら、すべてダウンストロークで弾こう。

POINT
模範演奏ではDonF#というオンコード（→66ページ）で弾いているが、Dで弾いてよい

POINT
ダウンストロークで弾く

G　　D　　Em　　D

きみよ　ずっ　と　しあわせに　　かぜに　そっ　と　うた　うよ　　Woo　Yeah

Gのコードで、4分音符のリズムのストロークで弾く

POINT
前の1小節を繰り返す指示の記号。前の小節と同じリズムで弾こう

POINT
小節の上にコードが書かれてない場合は前の小節と同じコードを弾く。ここではGを弾く

C　　D　　G

あいは　いまも　あいの　ままで

POINT
全音符で弾こう

DonF#
DonF#で押さえる場合はこのように弾こう。

マメ知識 「DonF♯」のように、「on」とあるのは「オンコード」（→66ページ）。「分数コード」ともいう。「D/F♯」と書くこともある。

SONGS04

日曜日よりの使者

THE HIGH-LOWS

作詞／甲本ヒロト　作曲／甲本ヒロト

テンポ ♩=110　　ピッキング ピック

8分音符のストロークが出てくる。DVDの模範演奏を見てリズムとストロークのやり方を確認しよう。

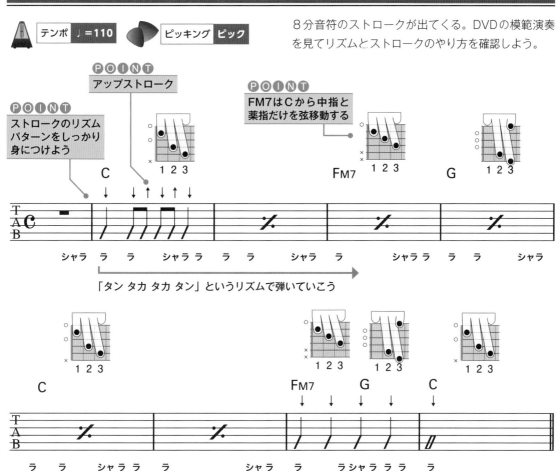

POINT アップストローク

POINT FM7はCから中指と薬指だけを弦移動する

POINT ストロークのリズムパターンをしっかり身につけよう

C　FM7　G

シャラ　ラ　ラ　シャララ　ラ　ラ　シャラ　ラ　シャララ　ラ　ラ　シャラ

「タン タカ タカ タン」というリズムで弾いていこう

C　FM7　G　C

ラ　ラ　シャララ　ラ　シャラ　ラ　ラシャラ　ラ　ラ　ラ

2拍ごとにコードが変わる。次に押さえるコードをイメージしながら弾こう

Section 2 コードで曲を弾いてみよう

POINT まずは曲に出てくるコードを弾けるようになろう

　44〜47ページに出てくるオープンコードをすべて覚えてから曲の練習を始めてもよいが、曲を弾きながら出てきたコードを少しずつ覚えていくやり方もオススメ。

　まずはコードを覚えるために、左手を重点的に練習してみよう。メトロノームを鳴らしながら、一定のテンポに合わせてコードを変える練習をするとよい。右手はテンポに合わせて全音符でジャーンと弾くだけでもよい。（コードチェンジについて詳しくは54ページ）。

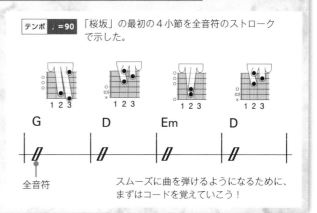

テンポ ♩=90　　「桜坂」の最初の4小節を全音符のストロークで示した。

G　D　Em　D

全音符

スムーズに曲を弾けるようになるために、まずはコードを覚えていこう！

51

シンコペーションで弾いてみよう

 ここではちょっと難しい「シンコペーション」について学んでみよう。シンコペーションは「(フレーズを) 食う」ともいわれる音楽用語だ。

シンコペーションの弾き方

シンコペーションってなに？

音符のオモテとウラのうち、ウラを強調することで独特なリズムを生み出すのがシンコペーションだ。右ページの練習曲のフレーズを予習しつつ、シンコペーションのリズムの取り方を覚えよう！

ⓅⓄⒾⓃⓉ シンコペーションの練習をしよう

「パターンA」は、51ページの『日曜日よりの使者』の譜面にあった8分音符でとるリズムによくあるフレーズのひとつ。これで基本のリズムを確認しよう。「パターンB」はシンコペーションのリズムを含むフレーズだ。拍の数え方とウラの拍を意識して練習しよう。

DVD でチェック！

シンコペーション

『今宵の月のように』の模範演奏を見てリズムを確認しよう

オモテ(表拍)とウラ(裏拍)のリズムを感じよう！

パターンA

このリズムで「オモテ」と「ウラ」の感覚を覚えよう。
「ウラ」＝アップピッキングのとき、と覚えるとわかりやすい。

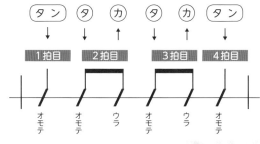

パターンB

黄色で示した「カー」の部分がシンコペーションのリズム。ウラの音を次のオモテの音まで伸ばすことで、ウラの音が強調されて、独特なリズムに聞こえる。この音を意識して弾くと上手に演奏できるはずだ。

弦を弾かずに空振りをしてタイミングをとる空ピッキングを意識しよう。リズムキープに役立つ。

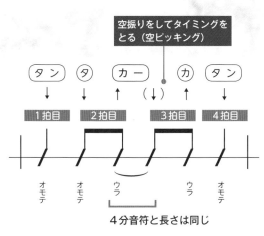

SONGS 05

今宵の月のように

エレファントカシマシ

DVD 12

作詞／宮本浩次　作曲／宮本浩次

テンポ ♩=115　ピッキング ピック

シンコペーションを意識して弾いてみよう。空ピッキング（→52ページ）ができるとリズムキープも楽になる。

POINT 空ピッキングで（→52ページ）リズムキープ

POINT B7をパッと押さえるのは難しい。練習してみよう

G　B7　Em　G7

く　だ　ら　ね　え　と　つ　ぶ　や　い　て　さ　め　た　つ　ら　し　て　あ　る　く　い

「タンタカーカタン」というリズム

C　D7　B7　Em　A7　D7

つ　の　ひ　か　か　が　や　く　だ　ろ　う　あ　ふ　れ　る　あ　つ　い　な　み　だ　い

2拍ごとにコードが変わる。コードをばっちり覚えよう

G　B7　Em　G7

つ　ま　で　も　つ　づ　く　の　か　は　き　す　て　て　ね　こ　ろ　ん　だ　お

1段目と同じコード進行

C　D7　B7　Em　A7　D7　G

れ　も　ま　た　か　が　や　く　だ　ろ　う　こ　よ　い　の　つ　き　の　よ　う　に

Section 2 コードで曲を弾いてみよう

コードチェンジを練習しよう

コードを押さえることに慣れてきたら、次はコードチェンジの練習をしてみよう。すばやく次のコードに移れるようになるためのコードチェンジのコツを紹介する。

コードチェンジのポイント

左手のポイント

基本的なコツは、コードチェンジをするときに指を弦から遠く離さないこと。さらに細かいポイントをまとめているので見てみよう。

左手のコードをしっかり覚える

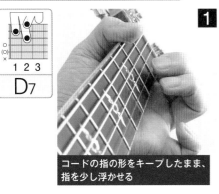

1 コードの指の形をキープしたまま、指を少し浮かせる

すべての指を同時にパッと押さえられるようにする

2 コードの形をまず頭で覚えられたら、次は指に覚えさせよう。

左の例では、D7の形を保ったまま弦から指を少し浮かせて、D7をパッと押さえる練習をしている。少しずつ指を遠くに離して、指の位置関係をキープしたまま、すべての指を同時に押さえられるようにしよう。

小さな動きでコードチェンジ

GOOD!

指を少しだけ浮かせている

BAD...

指が離れすぎている

コードチェンジをするときは、指の動きを最小限にしよう。弦から遠く指を離してしまうと、コードチェンジがもたついてしまう。小さな動きでコードチェンジできるようになれば、すばやいコードチェンジにつながる。

コードの共通する指や形に注目

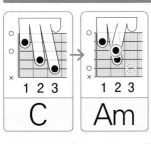

C → Amでは、押さえる場所は1か所違うだけ。人差し指と中指は同じ場所を押さえたまま、薬指だけを動かす。

押さえる場所と指が共通する音のコードは、その指を離さずにコードチェンジするとよい。

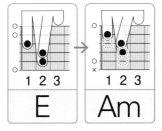

E → Amでは、押さえる指の形は同じだ。Eのコードの形を保ったまま、弦を1本下へ移動する。

押さえる形が同じコードは、指の形はそのまま移動させてコードチェンジしよう。

右手のポイント

右手で大事なのは、右手のストロークを止めないこと。

ストロークのリズムがまだ安定していなかったり、次のコードがすぐに押さえられずにもたつくと止まりがち。慣れないうちは左手のコードチェンジがスムーズにできなくても、曲の流れを止めないようにすることは大事だ。コードチェンジのタイミングは64ページも見てみよう！

次のコードを意識しながら弾くのも大事なポイント。

1から**3**へ弾けるように練習しよう。

SONGS06

卒業写真
荒井由実

作詞／荒井由実　作曲／荒井由実

DVD 14

テンポ ♩=68　　ピッキング ピック

ゆっくりなテンポで左手のコードチェンジを重点的に意識して練習しよう。オンコード（→66ページ）が出てくるが、簡単な押さえ方なので挑戦してみよう。

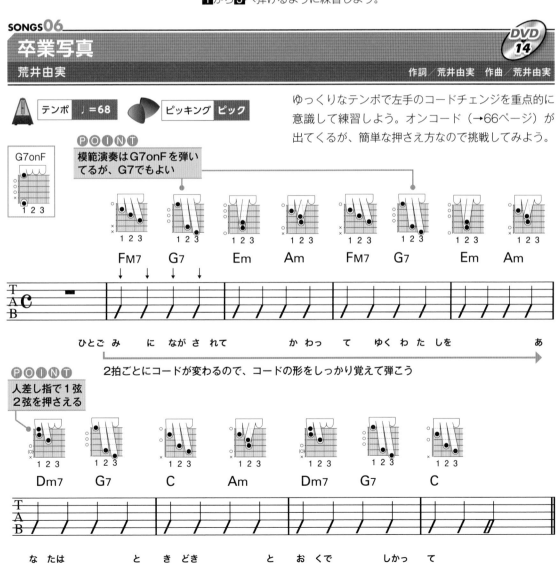

バレーコードを弾きこなそう DVD 15

 バレーコードは1本の指で複数の弦を押さえるコードのこと。ここで挫折する初心者も多いが、**コツさえつかめばバレーコードは楽に押さえられる。**

バレーコードを押さえるコツ

バレーコード「F」を「セーハ」で押さえよう

「セーハ」とは1本の指で複数の弦を押さえる奏法のこと。バレーコードはセーハで押さえる。また、バレーコードはクラシックフォームで弦を押さえるため、オープンコードのときと押さえ方がかなり違う。親指の位置を44ページの写真と見比べてみよう。

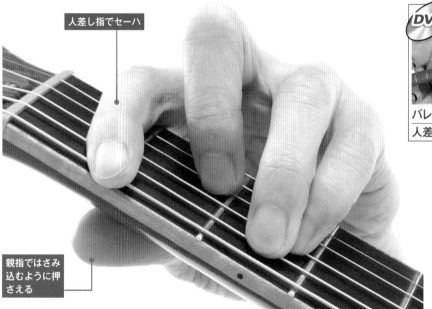

人差し指でセーハ

親指ではさみ込むように押さえる

DVD でチェック！
バレーコードを弾きこなそう
人差し指の使い方に注目

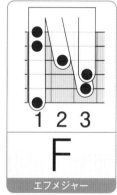
1 2 3
F
エフメジャー

セーハで実際に鳴らすのは1・2・6弦だけだが、人差し指はすべての弦を押さえる。クラシックフォームはオープンコードと握りが違うので、要注意。

POINT 「親指を使ったバレーコード」と「省略コード」

親指で6弦
1 2 3

省略コード
1 2 3

バレーコードの押さえ方の応用で、左の写真のように「親指を使ったバレーコード」もある。この場合はクラシックフォームではなく握り込むようなロックフォームで押さえよう。

この他にも6弦を弾かない「省略コード」もある。省略コードの「F」では左の写真から親指をはずした状態で、オープンコードの「C」のような手の形で押さえられる。どうしてもバレーコードが苦手…という人は試してみよう。

マメ知識 ▶ 親指で押弦する場合は、手首や指を痛めないように気をつけよう。

音を1弦ずつ確かめて 各指の役割を意識しよう

バレーコード「F」では、まずはセーハしている1フレットの音がしっかり鳴っているかを確認する。3・4・5弦を押さえる前に、人差し指だけで押さえて音が鳴るかを確かめてみよう。しっかり音が鳴らせたら、他の弦も押さえて完成だ。

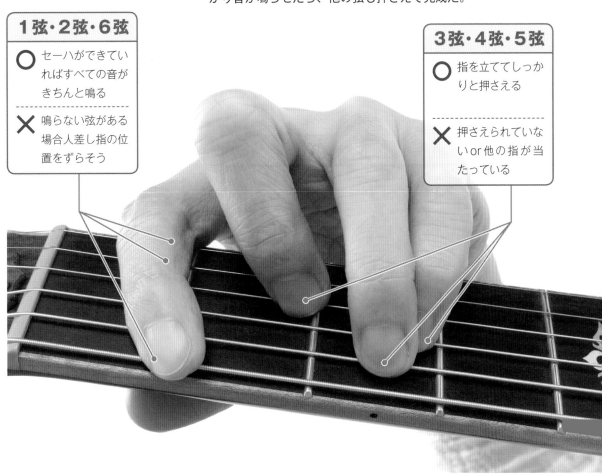

1弦・2弦・6弦

○ セーハができていればすべての音がきちんと鳴る

✕ 鳴らない弦がある場合人差し指の位置をずらそう

3弦・4弦・5弦

○ 指を立ててしっかりと押さえる

✕ 押さえられていないor他の指が当たっている

ⓅⓄⒾⓃⓉ それぞれの指の役割を把握しよう

人差し指

指の腹の中心ではなく、やや左側面を使って押さえる。セーハをする際に押さえやすいポイントは人によって違うので、位置をずらしながら、楽に押さえられる位置を探そう。

親指

人差し指と親指ではさみ込むようなイメージで、ネックの裏にしっかりと当てる。

中指・薬指・小指

人差し指に比べれば押さえやすい。他の弦に当たらないように注意すれば、きれいに音が鳴るはずだ。

よく使うバレーコード

押さえる位置を覚えよう！

バレーコードでは、セーハをしている人差し指を基本（ルート音）として、中指・薬指・小指の位置を変えることで様々なコードを弾くことができる。それぞれの形を覚えれば、多くのコードに応用ができるということだ。ここでは本書の練習曲に出てくるバレーコードを中心に紹介する。

2フレット

人差し指の先で6弦をミュートする

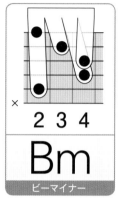

× 2 3 4

Bm

ビーマイナー

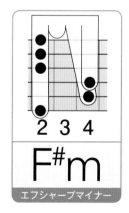

DVDでチェック！

バレーコードを弾きこなそう
Bmの弾き方の解説に注目

POINT
「F」と同じ形から人差し指を2フレットにずらし、1つ弦を移ったコード。6弦は人差し指を軽く当ててミュートしよう。

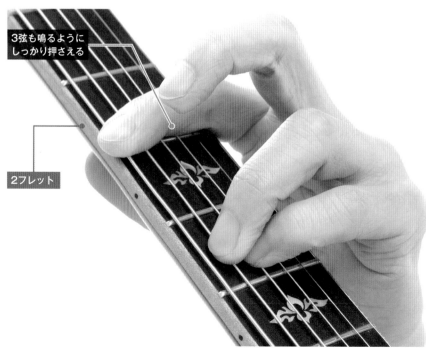

3弦も鳴るようにしっかり押さえる

2フレット

2 3 4

F#m

エフシャープマイナー

POINT
「F」の形から人差し指を2フレットにして中指をはずしたコード。3弦の音がマイナー感を出すのでしっかり押さえよう。

1フレット

人差し指の先で6弦をミュートする

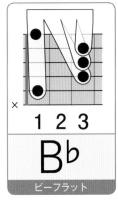

× 1 2 3

B♭

ビーフラット

DVD でチェック！
バレーコードを弾きこなそう
それぞれのコードの注意点

ＰＯＩＮＴ
5弦がルート音のバレーコード。6弦は人差し指を軽く当ててミュートしよう。

Section 2 コードで曲を弾いてみよう

ＰＯＩＮＴ 薬指を使ったセーハに挑戦

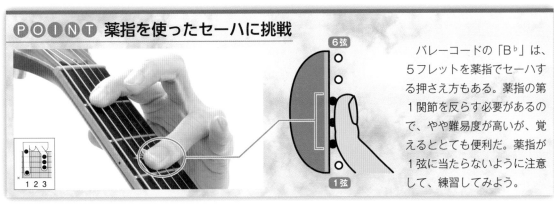

6弦
1弦
1 2 3

バレーコードの「B♭」は、5フレットを薬指でセーハする押さえ方もある。薬指の第1関節を反らす必要があるので、やや難易度が高いが、覚えるととても便利だ。薬指が1弦に当たらないように注意して、練習してみよう。

4弦の音を出すのが難しい。セーハをしっかり意識する

3フレット

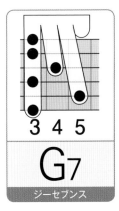

3 4 5

G7

ジーセブンス

ＰＯＩＮＴ
「F」のバレーコードの指の形から小指を抜いて、フレットの位置を横にずらすだけでよい。

マメ知識 アコギではオープンコードを使うことが多い。G7のバレーコードは押さえ方が難しいが、オープンコードで弾くことができる。

バンザイ～好きでよかった～

難易度
★★☆☆☆

ウルフルズ　　　　作詞／トータス松本　作曲／トータス松本

| 譜面 | ▷ | 曲中のほとんどのリズムは4分音符が続いていく。左手のコードチェンジにどんどん慣れていこう。すべてダウンストロークで弾いてOK。 |

A サビ ▷ Bmのバレーコードが出てくる。フレットの横移動があるので、すばやくコードチェンジしよう。

B メロ ▷ 間奏やBメロに出てくる「タータター」というリズムは、テンポがくずれないように気をつけよう。

テンポ ♩=93　　ピッキング ピック

A サビ ▷ B メロ ▷ C メロ ▷ A サビ ▷ B メロ ▷ C メロ ▷ A サビ ▷ C メロ ▷ A サビ ▷ END

DVD16 でチェック！

A サビ
イェーイ 君を好きでよかった
このまま ずっと ずっと 死ぬまでハッピー
バンザイ 君に会えてよかった
このまま ずっと ずっと ラララふたりで

B メロ
つまらない事で君をこまらせて
思い出す度 赤くなる
笑っちまうくらいに毎日は
ただもう過ぎてく あっという間に

スゲェスゲェ幸せな気分の時は
帰り道で君を思い出す
コンビニをうろうろしながら
思い出し笑いをかみ殺す

C メロ
ダサイカッコはしたくない
年はとらないように
つくり笑いなんかしたくない
だから Baby そばにおいでよ

A サビ
イェーイ 君を好きでよかった
このまま ずっと ずっと 死ぬまでハッピー
バンザイ 君に会えてよかった
このまま ずっと ずっと ラララふたりで

B メロ
いい女を見れば振り返る
ホント スケベ オレの頭ん中
でもやっぱグッとくるほどの女は
心の中にひとりだけ

C メロ
キザな言葉はてれくさい
カッコつけずにいこう
いつもふたりでじゃれてたい
だから Baby ここへおいでよ

A サビ
イェーイ 君を好きでよかった
このまま ずっと ずっと 死ぬまでハッピー
バンザイ 君に会えてよかった
このまま ずっと ずっと ラララふたりで

C メロ
だから Baby Baby そばに そばに そばに
おいでよ

A サビ
イェーイ 君を好きでよかった
このまま ずっと ずっと 死ぬまでハッピー
バンザイ 君に会えてよかった
このまま ずっと ずっと
イェーイ 君を好きでよかった
このまま ずっと ずっと 死ぬまでハッピー
バンザイ 君に会えてよかった
このまま ずっと ずっと ラララふたりで

END

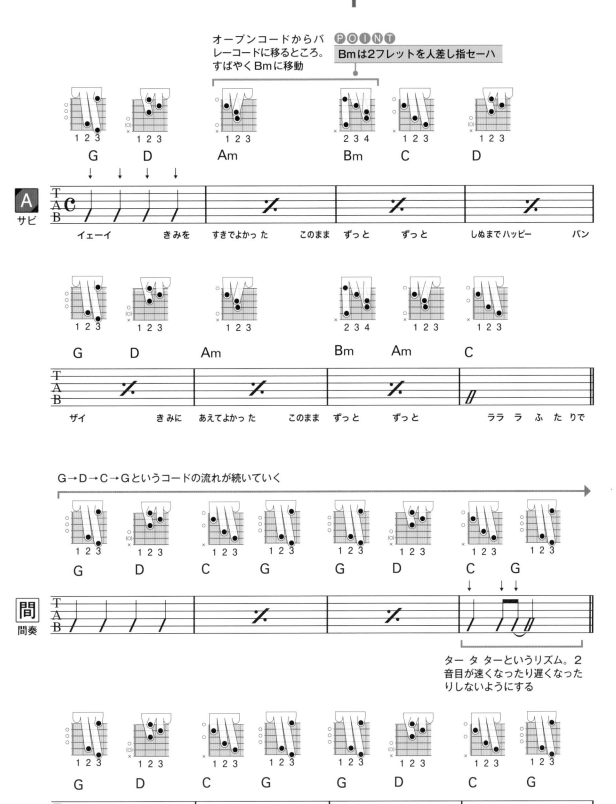

オープンコードからバ
レーコードに移るところ。
すばやくBmに移動

POINT
Bmは2フレットを人差し指セーハ

G　D　Am　Bm　C　D

A サビ

イェーイ　　きみを　　すきでよかった　このまま　ずっと　ずっと　しぬまでハッピー　バン

G　D　Am　Bm　Am　C

ザイ　　きみに　あえてよかった　このまま　ずっと　ずっと　ララ　ラ　ふ　た　り　で

G→D→C→Gというコードの流れが続いていく

G　D　C　G　G　D　C　G

間 間奏

ター　タ　ターというリズム。2
音目が速くなったり遅くなった
りしないようにする

G　D　C　G　G　D　C　G

B メロ

つまらないことで　　きみを　　こまらせて　　　　おもい　だすたび　　あ　かくな　る

Section **2** コードで曲を弾いてみよう

G　D　C　G　Em　C　C　G

わらっちまうくらい に まいにち は ただ も う すぎて く あっというま に

テンポがくずれな
いようにしよう

G　D　C　G　G　D　C　G

スゲェスゲェ しあわせな き ぶんのと き は かえりみちで きみ を お も いだ す

G　D　C　G　Em　C　C　G

コンビニ を うろう ろ しなが ら おも い だし わらいを か み ころ す

POINT
Gで弾いてもよい

C　G onB　Am　C　D　G

ダサイ カッコは したくな い としは とらない ように

62

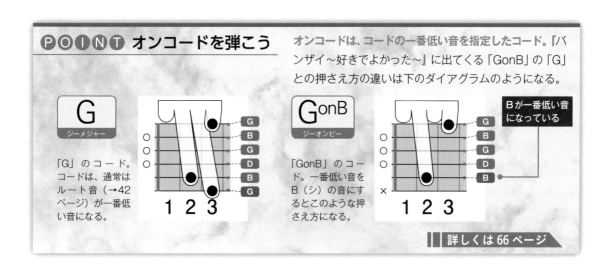

『バンザイ～好きでよかった～』に出てくる「GonB」の「G」との押さえ方の違いは下のダイアグラムのようになる。

詳しくは66ページ

8ビートのストロークとコードチェンジを練習しよう

8ビートの定番ストロークを練習しよう

下の譜面は、8分音符（8ビート）の定番リズムストローク。一定のリズムでストロークを続けるには、空ピッキングは大事なテクニックになる。空ピッキングが難しい場合、アップを2回連続で弾く感覚で練習してみよう。それが自然な空ピッキングにつながる場合もある。

空ピッキングをしてリズムキープ

↓（↑）↓ ↑（↓）↑ ↓ ↑　　↓（↑）↓ ↑（↓）↑ ↓ ↑

（タン）（タ）（カー）（カ）（タ）（カ）

DVD でチェック！

シンコペーション
『BELOVED』の模範演奏を見てリズムを確認しよう

コードチェンジのタイミング

DVD 13

8分音符のリズムでは、4拍目のウラでコードチェンジを始めよう。このタイミングで、指を離してすばやく次のコードに移ろう。コードチェンジの際に開放弦が鳴っても大丈夫。ただし、4拍目のウラは強い力で弾かないようにしよう。

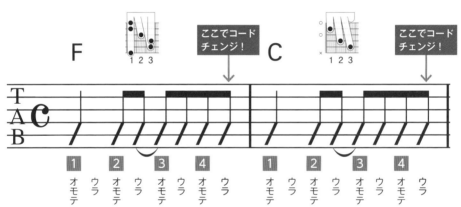

F　　ここでコードチェンジ！　　C　　ここでコードチェンジ！

1　オモテ　2　ウラ　3　オモテ　4　ウラ　　1　オモテ　2　ウラ　3　オモテ　4　ウラ

SONGS08

BELOVED
GLAY
作詞／TAKURO　作曲／TAKURO
DVD 17

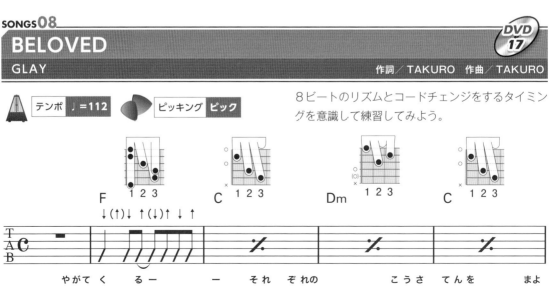

テンポ ♩＝112　　ピッキング ピック

8ビートのリズムとコードチェンジをするタイミングを意識して練習してみよう。

F 1 2 3　　C 1 2 3　　Dm 1 2 3　　C 1 2 3

↓（↑）↓ ↑（↓）↑ ↓ ↑

やがて　く　るー　ー　それ　ぞれの　　こうさ　てんを　　まよ

マメ知識　4拍目のウラでコードチェンジをする場合、弱めに弾くが、6本の弦のすべてを鳴らそうとしなくてもOKだ。

ストロークのリズムが変わるところ

オンコードを弾きこなそう

 オンコードとは、コードの一番低い音（ベース音）を指定したもの。練習曲でもよく出てくるので、仕組みを覚えて弾きこなそう！

オンコードについて知ろう

オンコードってなに？

オンコードは、ベース音をルート音以外から指定したコード。主に、ベース音を強調したり、ベース音の流れをスムーズにしたり、サウンドをオシャレにしたいときに使われる。多くの場合は、コードの構成音の中からベース音を指定するが、構成音にない音から指定することもある。

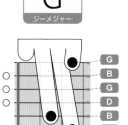

「G」のコードの構成音は「GBD（ソシレ）」。

「GonB」は「G」と構成音は同じだが、「シ（B）」が一番低い音になる。

オンコードを弾いてみよう

親指でベース音を押さえることもある

オンコードではベース音を押さえるのに親指も使うことがある。ロックフォームでは親指は、6弦をミュートするのによく使うが、親指で押弦するときは、ミュートさせるときよりも、親指を曲げ、力をもう少し入れて押弦してみよう。

「DonF#」のコード。「D」のときよりも親指をくいっと曲げる。

POINT ベース音早見表

オンコードは、市販のコードブックなどに掲載されていることはあまりない。オンコードに慣れてきたら右ページの「3タイプのオンコード」でオンコードの探し方を覚えて、できれば自分で探せるように挑戦してみよう！

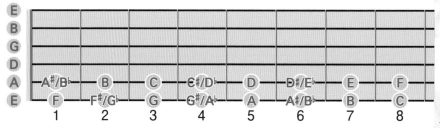

6弦と5弦の1〜8フレットの音を覚えておくと、オンコードを探すのに役立つ。

マメ知識 オンコードは英語ではスラッシュコードと呼ぶ。「GonB」なら「G/B」と表記される。

3タイプのオンコードを知っておこう

オンコードの主な3つのタイプの押さえ方を見てみよう。オンコードの仕組みがわかると、自分でも見つけやすくなるぞ。

①ベース音追加タイプ

コードの形や、押さえる指はそのままで、ベース音だけを追加するタイプ。
「DonF#」や「ConE」がこのタイプだ。

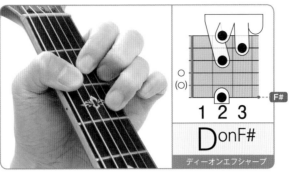
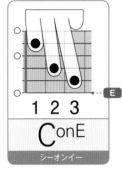

②ベース音削除タイプ

元々のコードから押さえている指を1本離すだけでオンコードになるタイプ。
「GonB」や「Am7onD」、「EmonB」がこのタイプだ。

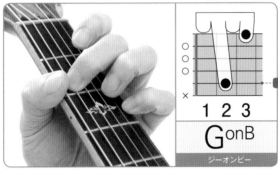

5弦2フレットを人差し指で押さえてもよい。

※「Am7onD」は「Am7」の構成音にはないDの音をベース音にしている。(「Am7」の構成音は「ACEG」)

③押さえる指が変わるタイプ

押さえる指を変えて、大きくコードフォームを変えないとオンコードに対応できないタイプ。
「FonG」や「AonC#」、「DonC」がこのタイプだ。

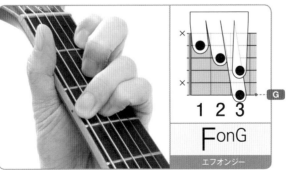

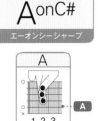

※「FonG」は「F」の構成音にはないGの音をベース音にしている。(「F」の構成音は「FAC」)

カポタストを使ってみよう

アコギでよく使われるカポタスト（カポ）。**バレーコードを簡単に押さえられるようにしたり曲のキー（調）を変えたりできる。**アコギを弾くなら1つは持とう！

カポタストの使い方

┃カポってなんのために使うの？

バレーコードを押さえやすくする

カポは自分のかわりにセーハで押さえてくれる。バレーコードがたくさん出てきて難しい曲も、**カポを使うことによって押さえ方を簡単にできる。**

例えば、1フレットにカポをつけると、Fのコードは Eの押さえ方でFの音が出せる。カポをつけたフレットを0フレット（開放弦）として考えて、カポの隣のフレットを1フレットとして弾く。

曲のキーを変えられる

カラオケのキーリモコンのように、**曲の音程を変えることができる。**弾き語りをするときに、元々のキーだと歌いにくい場合にはカポを使って自分の声の高さに合うキーに変えられる。

例えば、右ページの「しるし」を歌う場合、譜面通りにカポを1フレットにつけて歌うとメロディが高くて歌いにくい場合にはカポをはずして歌えばよい。逆に、1フレットで低い場合にはカポタストを2フレット以上の位置につけるとよい。

カポは使いこなせるととても便利だ。カポのどういうところが便利なのか、見てみよう。

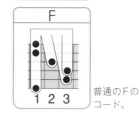
カポがない状態｜F｜1 2 3｜普通のFのコード。

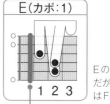
1フレットにカポ｜E（カポ：1）｜1 2 3｜Eの押さえ方だが、鳴る音はFと同じ。

カポの位置を0フレット（開放弦）として考える

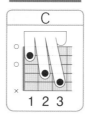
カポがない状態｜C｜× 1 2 3

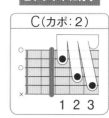
2フレットにカポ｜C（カポ：2）｜× 1 2 3

Cのコードを、カポがない状態（左）と、2フレットにカポをつけた状態（右）で弾き比べてみると、カポをつけた方が、音程が高くなる。カポをつけて音程を変えても、同じ曲は、同じコードの押さえ方で弾くことができる。

┃カポタストをつける場所

カポはギターのネックに取りつけて使い、フレットの近くにまっすぐ装着して、演奏の邪魔にならない位置にする。カポの弦を押さえる力が強すぎると、音程が少し高くなってしまうことがあるのでチューニングを確認しよう。ネジ式などのカポは適度な力で弦を押さえられる。

2フレットにカポ

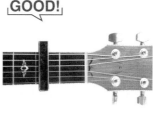
GOOD!

BAD...

フレットの近く（ボディ側）につける。　ナナメにはつけないようにしよう。

マメ知識 カポタストはネックの上からでも下からでも、どちらからはさんでもよい。

SONGS09

しるし
Mr.Children

作詞／桜井和寿　作曲／桜井和寿

DVD 18

テンポ ♩=74　｜カポタスト 1フレット｜　ピッキング ピック

DVDの模範演奏で16ビートの練習リズムを確認して、16ビートのリズムに慣れていこう。

POINT
1フレットにカポをはさむ

C　E7sus4　E7　Am　Am7onG　D7

ダーリン　ダー　　リン　　い　ろ　んなか　くどか　　らきみ　を　みてきた　　そのどれ

POINT
このリズムパターンでの1拍目ウラは、弱めに弾くとよい。弾く弦の本数も少なめでよい。DVDもチェック！

ストロークのリズムが前の小節と違うのでリズムをチェック

Dm7　Em7　F　D7onF#　G

も　がすばー　らし　ーくて　　ぼくは　あ　いをおも　いしるんだ　　はん　しん

C　E7sus4　E7　Am　Am7onG　D7

はー　んぎ　き　ず　つかない　ため―　　のよぼ　うせんを　　いまびみょう

C　F　G　C

―　なニュアンスで　き　みはじめそう　と　して　いる

Section 2　コードで曲を弾いてみよう

マメ知識 ▶ カポをはさむフレットの位置は、「Capo＝1」のように記載することもある。「カポ1」「1カポ」などのようにいう。

69

いろいろなミュートを弾いてみよう①

 ミュートは音を鳴らないようにすること。 ミュートにはいくつか種類があるが、ここでは右手でやるミュート、カッティングミュートを紹介する。

カッティングミュートを練習しよう

「カッティングミュート」って何？

　カッティングミュートとは、ピッキングして音を出した直後に、右手を弦に当てて、音をカットしてミュートするテクニックだ。左手はコードを押さえたままでよいので、音を伸ばさず歯切れよく音をカットしよう。細かいコツや音を切るときの右手の動きはDVDも参考にしてみよう。フィンガーピッキングでのやり方は102ページ、他のミュートは112ページでも紹介する。

DVD でチェック！
カッティングミュート
右手の動きに注目

GOOD!
すべての弦をミュート

右手を弦の上にかぶせるようにしてミュートする。すべての弦に手をかぶせて、きちんとミュートできればOK。

BAD...
1〜4弦のミュートができていない

右手のかぶせ方が中途半端だとミュートしきれず変な音が残ってしまう。写真は1〜4弦がミュートできていない。

POINT カッティングミュートを弾くポイント

　カッティングミュートをするときに弦に当てる場所は、**右手の側面のやや内側**がよい。

　手を弦に当てると同時に、ピックで弦をすばやく弾くと、「チャッ」というパーカッシブな音が出る。**右手の側面はすべての弦をミュートするが、ピックの方はアタック音を出す。**すべての弦を弾くわけではなく、押さえているコードの3〜4本の弦に当てればよい。当てる場所はDVDも見てみよう。

　ジャラーンとストロークで弾くときとは違う表情の音になるのでぜひ身につけたいテクニックだ。

右手の側面のやや内側をすばやく当てる

カッティングミュートの コツをつかもう

カッティングミュートはダウンストロークで弾く。DVDの模範演奏を見ながら、下の譜面の練習フレーズを弾いてみよう。

少しずつストロークが複雑になるが、繰り返し練習して慣れていこう。

ＰＯＩＮＴ
練習曲 Ex カッティング ミュート練習フレーズ DVD 20

「Ｘ」の箇所でカッティングミュートをする。ストロークのアップ・ダウンの例を矢印で記したので、右手の動きを合わせて弾いてみよう。

テンポ ♩=100　　ピッキング ピック

G　　Em　　C　　D7

ＰＯＩＮＴ
「Ｘ」はカッティングミュートで弾く

やさしくなりたい

斉藤和義

作詞／斉藤和義　作曲／斉藤和義

テンポ ♩=132　　カポタスト **1フレット**　　ピッキング **ピック**

コードはシンプルなので、右手のカッティングミュートを強化しよう。

POINT
しっかり音を切ってミュートしよう

あいなきじだいに　う　まれたわけじゃない

キミといき　たい　　キ　ミをわらわせ　たい　　あ

いなきじだいに　　う　まれたわけじゃない

前の8小節と同じコード進行

つよくなり　たい　　や　さしくなり　たい

アイネクライネ

難易度
★★★☆☆

米津玄師　　　作詞／米津玄師　作曲／米津玄師

 ▷ 拍子が変わる難しい箇所があるので、あらかじめ曲を聞きながら譜面を見るなどして、イメージしてから練習してみよう。

 ▷ ここも拍子が変わる箇所がある。リズムや弾き方も特殊なフレーズが出てくるので、何度も練習してマスターしよう。

 ▷ 曲のテンポはゆっくりだが、カッティングミュートや、サビの最後に速い3連符が出てくる。右手のストロークが固くならないようにしよう。

テンポ ♩＝87　　カポタスト **1フレット**　　ピッキング **ピック**

 ▷ ▷ ▷ ▷ ▷ ▷ ▷ ▷ ▷ ▷ ▷ END
メロ　　メロ　　サビ　　メロ　　メロ　　サビ　　メロ　　サビ

 でチェック！

A メロ
あたしあなたに会えて
本当に嬉しいのに
当たり前のように
それらすべてが悲しいんだ
今 痛いくらい幸せな思い出が
いつか来るお別れを育てて歩く

誰かの居場所を奪い
生きるくらいならばもう
あたしは石ころにでも
なれたならいいな
だとしたら勘違いも
戸惑いもない
そうやってあなたまでも
知らないままで

B メロ
あなたにあたしの思いが
全部伝わってほしいのに
誰にも言えない秘密があって
嘘をついてしまうのだ
あなたが思えば思うより
いくつもあたしは
意気地ないのに
どうして どうして どうして

C サビ
消えない悲しみも
綻びもあなたといれば
それでよかったねと
笑えるのがどんなに嬉しいか
目の前の全てがぼやけては
溶けてゆくような
奇跡であふれて足りないや
あたしの名前を呼んでくれた

A メロ
あなたが居場所を失くし
彷徨うくらいならばもう
誰かが身代わりになれば
なんて思うんだ
今 細やかで確かな見ないふり
きっと繰り返しながら
笑い合うんだ

B メロ
何度誓っても
何度祈っても惨憺たる夢を見る
小さな歪みがいつかあなたを
呑んでなくしてしまうような
あなたが思えば
思うより大げさに
あたしは不甲斐ないのに
どうして どうして どうして

C サビ
お願い いつまでもいつまでも
超えられない夜を
超えようと手をつなぐ
この日々が続きますように
閉じた瞼さえ
鮮やかに彩るために
そのために何ができるかな
あなたの名前を呼んでいいかな

D メロ
産まれてきたその瞬間にあたし
「消えてしまいたい」って
泣き喚いたんだ
それからずっと探していたんだ
いつか出会える
あなたのことを

C サビ
消えない悲しみも
綻びもあなたといれば
それでよかったねと
笑えるのがどんなに嬉しいか
目の前の全てがぼやけては
溶けてゆくような
奇跡であふれて足りないや
あたしの名前を呼んでくれた

あなたの名前を呼んでいいかな

Section

2

コードで曲を弾いてみよう

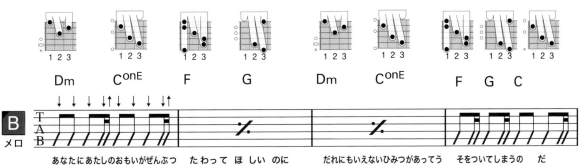

Dm　C^onE　F　G　Dm　C^onE　F　G　C

B
メロ

あなたにあたしのおもいがぜんぶつ　たわって ほしい のに　　だれにもいえないひみつがあってう　そをついてしまうの　だ

16分音符のところは強い力で
ストロークしなくてよい

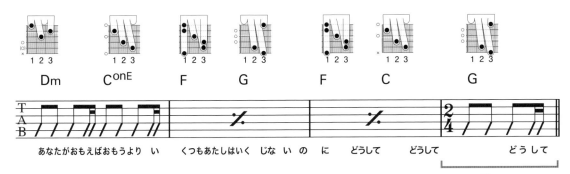

Dm　C^onE　F　G　F　C　G

あなたがおもえばおもうより い　くつもあたしはいく じない の に　どうして　　どうして　　　どうして

4分の2拍子

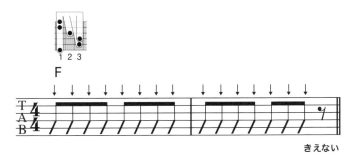

F

きえない

ⓅⓄⒾⓃⓉ 付点のついたリズムは空ピッキングでリズムキープ

空ピッキングをしてリズムキープ。
手の振りは小さくてOK

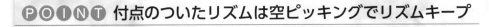

F　　　　C

↓(↑↓)↑ ↓　　↓(↑↓)↑ ↓

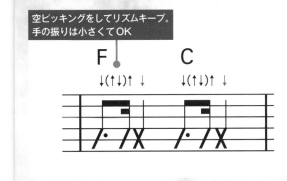

　　Aメロに出てくる基本リズムのパターンは、付点8分音符と16分音符で1拍分のリズムだ。
　　付点8分音符は、16分音符3つ分と同じ長さの音符だ。
　　空ピッキング（→52ページ）を入れてみると、リズムが安定するのでやってみよう。空ピッキングはリズムをとるためにやるので、手の振りは小さくてOKだ。DVDの動画もチェックして、空ピッキングのやり方を見てみよう！

75

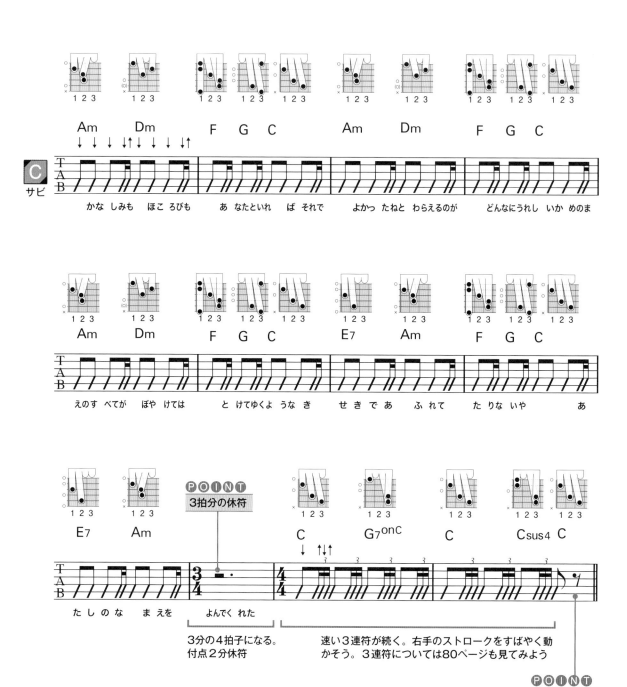

右手のストロークに表情をつけてみる

アクセントを意識してストロークしてみる

　ずっと同じ力でストロークをしていると、のっぺりした平坦な演奏になってしまう。ストロークをするときに、**アクセント**（→79ページ）や、弾く弦を意識しながらやってみるとよい。

　ストロークをするときは、すべての弦を毎回ジャカジャカ弾かなくてもよい。コードが変わった最初の拍では低音弦（4～6弦あたり）を意識的に弾き、ウラ拍のストロークはやや弱い力で弾く、鳴らす弦を少なめに弾くなどいろいろ試してみよう。

　ストロークに強弱があると、曲にメリハリや表情が出てくる。模範演奏を実際に見てみて、ストロークの力加減や強弱を確認しよう。

ⓅⓄⓘⓃⓉ ストロークの強弱や、弾く弦の弾き分けを意識してみよう

　▉の縦の長さは、ストロークで弾く弦のイメージを示した。▉のところは、アクセントを意識してやや強めに弾いてみよう。

　また、ダウンストロークは、低音の弦（4～6弦あたり）、アップストロークでは、高音の弦（1～3弦あたり）を意識して弾き分けるとストロークに表情が出てくる。

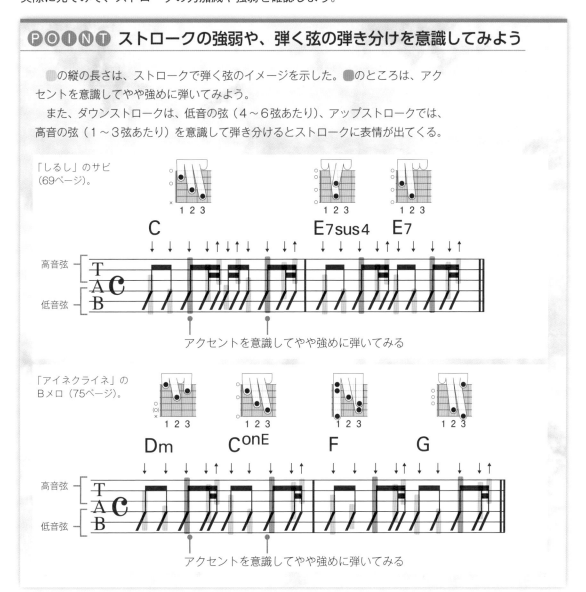

「しるし」のサビ（69ページ）。

C　E7sus4　E7

アクセントを意識してやや強めに弾いてみる

「アイネクライネ」のBメロ（75ページ）。

Dm　ConE　F　G

アクセントを意識してやや強めに弾いてみる

いろいろなリズムで弾いてみよう

リズムを上手にとって演奏できるようになれば、ギターが上手に聞こえる。メトロノームを使って、様々なリズムがとれるように練習しよう。

様々なリズムのパターン

難しいリズムでも基本は4分音符

リズムにはいろいろなパターンがあるが、ほとんどのリズムは「4分音符」を基準につくられている。難しいリズムの曲でも、4分音符で小節を数えてそれぞれ拍のオモテの音を見失わないようにすれば、リズムが大きくずれることはないはず。足でリズムをとりながら、メトロノームを鳴らして練習してみよう！

POINT
左足のかかとでリズムをとろう

ギターを弾くときは、かかとを浮かしてリズムをとると全身でリズムを感じることができるので、かかとを使うのがオススメだ。また、右足を動かすとギターがわずかに動いてしまうので「左足のかかと」でリズムをとるとよいだろう。

1

2

つま先は動かさない つま先は動かさないようにして、かかとでリズムをとる練習をしてみよう。

DVD でチェック！

リズムを上手にとるコツ
足の動かし方に注目

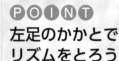 4分音符でとるリズム　テンポ ♩=80

リズムの基本メトロノームに合わせよう

4分音符は、メトロノームに合わせて弾けば、それだけでリズムがとれる。まずはテンポ「80」に合わせて手を叩いてみたり、簡単なコードを弾いたりしてみよう。慣れたら速度を変えてもよい。

簡単すぎると感じた人は、コードチェンジをするなどして、演奏に変化をつけながらリズムをとってみよう。

この本では、『桜坂』や『卒業写真』が4分音符でとるリズムの譜面になっている。

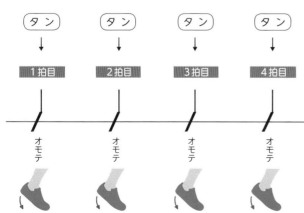

タン	タン	タン	タン
↓	↓	↓	↓
1拍目	2拍目	3拍目	4拍目
オモテ	オモテ	オモテ	オモテ

マメ知識 ▶ メトロノームはスマートフォンのアプリにもある。3連符など、様々なリズムが選べるものがオススメ。

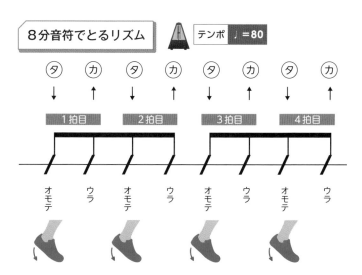

8ビートは
ロックやポップスの基本！

8分音符を中心としたこうしたリズムがロックやポップスなどで広く使われている「8ビート」だ。

オモテとウラの拍があるので、「足でリズムをとるタイミング」と「オモテの音を弾くタイミング」が合うように意識して練習しよう。

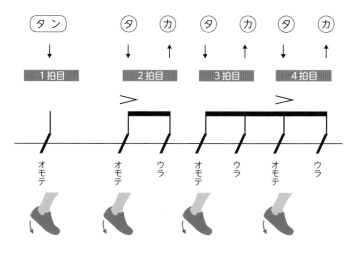

アクセントをつけて
弾いてみよう

上のリズムとほとんど同じリズムだが、指定の位置にアクセントをつけて弾いてみよう。

「8ビート」にはお決まりのドラムの演奏パターンがあり、このアクセントの位置はバンド演奏のときに「ドラムがスネアを叩くタイミング」と合うことが多い。DVDの模範演奏にはドラムのリズムも入っているので意識して聞いてみよう。

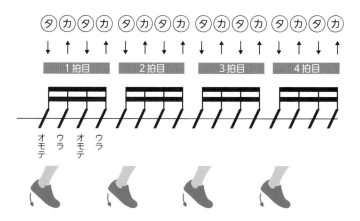

曲にスピード感が出る
16ビートのリズム

16分音符は1小節に弾く回数が多くなるため、テンポが速いとついていくのが大変だ。はじめはテンポ「60」くらいから練習してみよう。

それぞれの拍の最初のオモテのタイミングを見失わないように、足でしっかりとリズムを刻もう。

Section **2** コードで曲を弾いてみよう

79

練習曲で3連符とシャッフルに挑戦

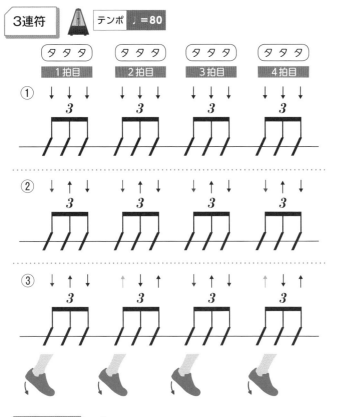

ストロークに注意して弾いてみよう

3連符とは、1つの音符を3つに等分した音符のこと。左の譜面の例は、4分音符を3つに等分したものだ。

3連符では、主に3つのストロークパターンがある。

①すべてダウンストロークで弾く
②それぞれの連符のはじめの音をダウンストロークで弾く
③ストロークをダウンとアップの交互で弾く

多くの3連符のフレーズは①や②のパターンで弾ける。速いテンポの曲は、③で弾いてみよう。

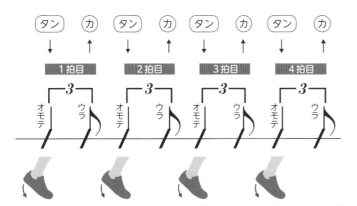

ウラの音に注目して練習しよう

シャッフルは、3連符から真ん中の音符を抜いたような並びになっている。童謡の「あめあめふれふれ～♪」のリズムと一緒と覚えてもよい。

リズムを上手にとるコツ
シャッフルのリズムをよく聞こう

POINT
曲のフレーズでコツをつかもう

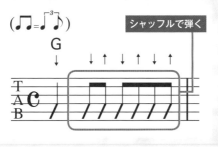

シャッフルで演奏するときは、下記のような音楽記号が譜面の最初に書かれることがある。これは「**8分音符が並んだ部分をシャッフルで弾く**」という指定なので、囲んだ箇所はシャッフルのリズムで弾こう。

マメ知識 「シャッフル」はジャズやブルースでよく使われるリズムだ。

JAM

THE YELLOW MONKEY

作詞／吉井和哉　作曲／吉井和哉

譜面 ▷	オンコードが登場するが、押さえている指をよく見れば、シンプルなコードが多いので、難しく考えず弾く弦を確認しよう。
(IN) イントロ ▷	アルペジオ（→88ページ）がイントロとAメロに出てくるが、はじめはAメロのストロークから練習してよい。アルペジオを練習してから挑戦しよう。
B メロ ▷	オープンコードとバレーコードのコードチェンジが唯一の難所。ここをもたつかないように、意識して練習してみよう。

テンポ ♩=76　　ピッキング ピック

 ▷ ▷ ▷ ▷ ▷ ▷ ▷ ▷ (END)
メロ　メロ　サビ　メロ　メロ　サビ

 でチェック！

(IN)　（イントロ）

A メロ
暗い部屋で一人 テレビはつけたまま
僕は震えている 何か始めようと
外は冷たい風 街は矛盾の雨
君は眠りの中 何の夢を見てる？

B メロ
時代は裏切りも悲しみも
全てを僕にくれる
眠れずに叫ぶように
からだは熱くなるばかり

C サビ
Good Night 数えきれぬ
Good Night 夜を越えて
Good Night 僕らは強く
Good Night 美しく
儚さに包まれて 切なさに酔いしれて
影も形もない僕は
素敵な物が欲しいけど
あんまり売ってないから
好きな歌を歌う

A メロ
キラキラと輝く大地で 君と抱き合いたい
この世界に真っ赤なジャムを塗って
食べようとする奴がいても

B メロ
過ちを犯す男の子 涙化粧の女の子
たとえ世界が終わろうとも
二人の愛は変わらずに

C サビ
Good Night 数えきれぬ
Good Night 罪を越えて
Good Night 僕らは強く
Good Night 美しく
あの偉い発明家も 凶悪な犯罪者も
みんな昔子供だってね
外国で飛行機が墜ちました
ニュースキャスターは嬉しそうに
「乗客に日本人はいませんでした」
「いませんでした」「いませんでした」
僕は何を思えばいいんだろう
僕は何て言えばいいんだろう
こんな夜は逢いたくて
逢いたくて 逢いたくて
君に逢いたくて 君に逢いたくて
また明日を待ってる

(END)

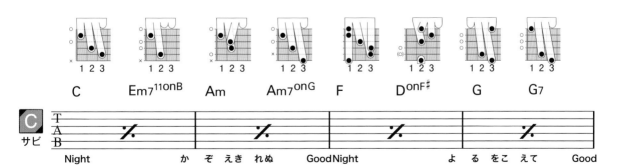

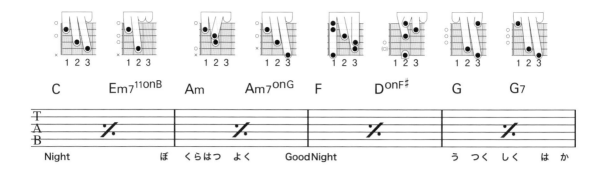

C　　Em7^{11onB}　　Am　　Am7^{onG}　　F　　D^{onF♯}　　G　　G7

Night　　　　　　ぼ　くらはつ　よく　　　GoodNight　　　　う　つ　く　し　く　　は　か

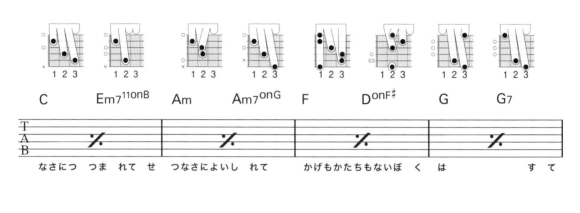

C　　Em7^{11onB}　　Am　　Am7^{onG}　　F　　D^{onF♯}　　G　　G7

なさにつ　つま　れて　せ　つなさによいし　れて　　かげもかたちもないぼ　く　は　　　　す　て

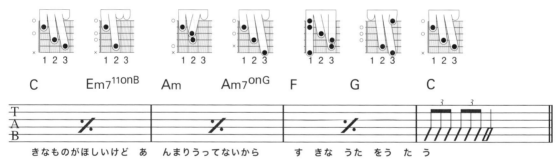

C　　Em7^{11onB}　　Am　　Am7^{onG}　　F　　G　　C

き　なものがほしいけど　あ　んまりうってないから　す　きな　うた　をう　た　う

SONGS 13
線路は続くよどこまでも

シャッフルビートを練習しよう。リズムがよれないようにして、はねた感じのストロークをしよう。

チェリー

スピッツ

作詞／草野正宗　作曲／草野正宗

DVD 26

テンポ ♩=97　　ピッキング ピック

16分音符が混じると、どのようにシャッフルのリズムを弾いたらいいか難しいかもしれないが、模範演奏を参考にリズムを覚えて軽快に弾こう。

C　　　　　G　　　　　Am　　　　　Em

きみをわ すれな い　　まが りくねっ たみちをゆ く　　うま

F　　　　　C　　　　　F　　　　　G

れ た て の た い よう　と　　ゆめ を わ た る き い ろ い す　な

C　　　　　G　　　　　Am　　　　　Em

に ど とも ど れ な い　　くす ぐ り あって こ ろ げ た ひ　　きっと

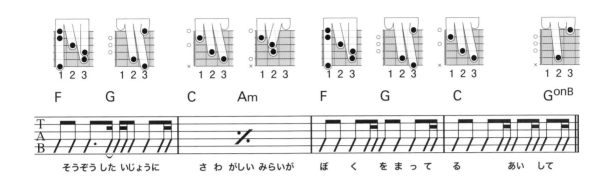

F　G　　　C　Am　　　F　G　　　C　　　GonB

そうぞうした いじょうに　　さわ がしい みらいが　　ぼ　く　を まって　　る　　　あい　して

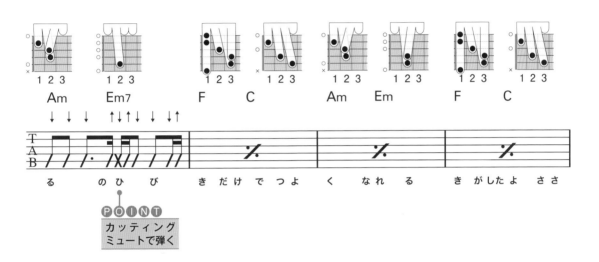

Am　Em7　　　F　C　　　Am　Em　　　F　C

る　　　の ひ び　　き だけ で つよ　く　なれ　る　　き が した よ ささ

POINT
カッティング
ミュートで弾く

POINT
コードはGだがGを押さえなく
てもよい。開放弦で2～4弦を弾
いてるスキにコードチェンジ！

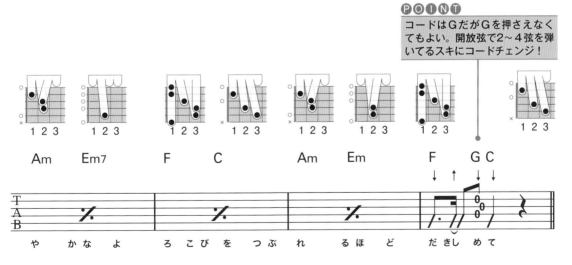

Am　Em7　　　F　C　　　Am　Em　　　F　G C

や　かな　よ　　ろ こび を つぶ れ　るほ ど　　だきし めて

18 コードを覚えて曲を弾こう！
アルペジオを弾いてみよう DVD 27

「アルペジオ」は、コードを押さえて1音ずつ弾くテクニックだ。使う弦を弾き分けなければいけないので、右手の使い方に注意しよう。

アルペジオの弾き方 DVD 27

DVD でチェック！

アルペジオで弾いてみよう
右手のピッキングに注目

アルペジオってなに？

アルペジオではコードを1音ずつ弾く奏法。ストロークとは違い、1つずつ音を鳴らしていき、少しずつ音が重なっていく響きになる。音が途切れないように左手の押弦を緩めないことがポイントだ。

ストロークではなく1音ずつピッキングするので、どの弦を弾くかをしっかりと意識しよう。はじめは右手を見ながら、弾く弦を間違えないようにして練習するとよい。

また、アルペジオのフレーズは「必ずコレ」という決まったパターンだけではない。同じコードでも弦を弾く順番が違うなど、譜面によって様々だ。

POINT
オープンコード「C」をアルペジオで弾こう

アルペジオで多いのは下の譜面のように、ルート音（ここではC＝ド）を弾いてから高い音の弦を弾くやり方だ。ダウンピッキングとアップピッキングを交互に弾く「オルタネイトピッキング」で弾いたり、弾きにくい場合はダウンとアップが途中で入れ替わってもよい。

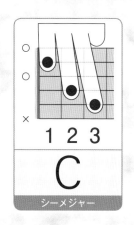

1 2 3

C

シーメジャー

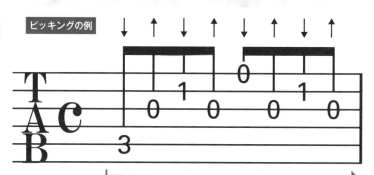

ピッキングの例

アルペジオでは、前の音を残して弾いていてよい

マメ知識　アルペジオが多い曲は親指にはめて使う「サムピック」というピックを使ってみてもよい。

アルペジオを弾くときの左手

コードのすべての音を押さえなくてもOK

例えば下の「G」のオープンコードのアルペジオの練習では、5弦の音を使っていない。アルペジオのときは必ずしもすべての音を押さえなくてもいいので、フレーズをよく見て弦を押さえよう。

POINT
ピッキングする弦をしっかりと弾き分けよう

基本的なポイントは「C」のときと変わらない。「G」ではルート音の6弦から3弦の開放弦に移るときにピッキングする位置が大きく移動するので、右手をよく見て正しい弦を弾こう。

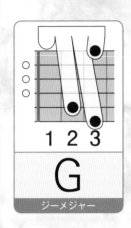

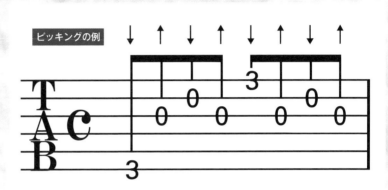

ピッキングの例

POINT
アルペジオでコードチェンジをしよう

下のような譜面の場合、小節の途中のタイミングでも押さえる指を動かすことができる。開放弦が多いオープンコードのアルペジオでは使いやすい技なので、曲のテンポやフレーズに応じて、小節の途中でコードチェンジの予備動作をしてみよう。

もちろん、普通のタイミングでコードチェンジをしてもよい。

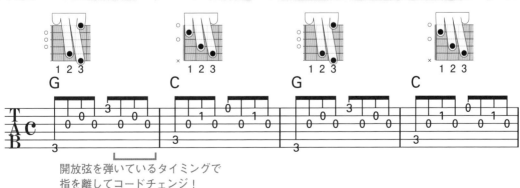

開放弦を弾いているタイミングで
指を離してコードチェンジ！

いとしのエリー

難易度
★★★☆☆

サザンオールスターズ

作詞／桑田佳祐　作曲／桑田佳祐

A メロ	▷	使われているコードはシンプルなのでオープンコードからバレーコードにチェンジするタイミングだけ気をつけよう。
B サビ	▷	サビの右手のストロークが難しかったら、はじめはシンプルに 4 分音符だけで弾いても OK だ。慣れてから譜面のストロークに挑戦しよう。
譜面	▷	譜面に慣れてきたら、サビをアルペジオで弾いたり、A メロをコードストロークで弾いたり、自分なりに変化をつけて挑戦してみよう。

テンポ ♩＝69　　ピッキング ピック

(IN) ▷ A メロ ▷ B サビ ▷ A メロ ▷ B サビ ▷ (END)

(IN) （イントロ）

 でチェック！

A メロ
泣かした事もある 冷たくしてもなお
よりそう気持ちが あればいいのさ
俺にしてみりゃ これで最後の Lady
エリー my love so sweet

二人がもしもさめて
目をみりゃつれなくて
人に言えず 思い出だけがつのれば
言葉につまるようじゃ 恋は終わりね
エリー my love so sweet

B サビ
笑ってもっと baby
むじゃきに on my mind
映ってもっと baby
すてきに in your sight
誘い涙の日が落ちる
エリー my love so sweet
エリー my love so sweet

A メロ
あなたがもしもどこかの
遠くへ行きうせても
今までしてくれたことを
忘れずにいたいよ
もどかしさもあなたにゃ 程よくいいね
エリー my love so sweet

B サビ
笑ってもっと baby
むじゃきに on my mind
映ってもっと baby
すてきに in your sight
みぞれまじりの心なら
エリー my love so sweet
エリー my love so sweet

笑ってもっと baby
むじゃきに on my mind
映ってもっと baby
すてきに in your sight
泣かせ文句のその後じゃ
エリー my love so sweet
エリー my love so sweet
エリー my love
エリー

(END)

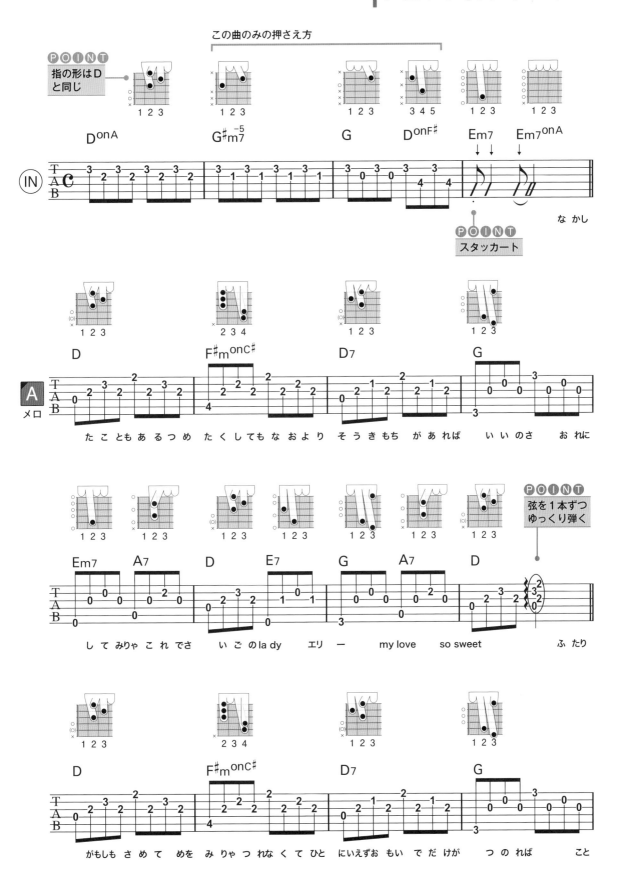

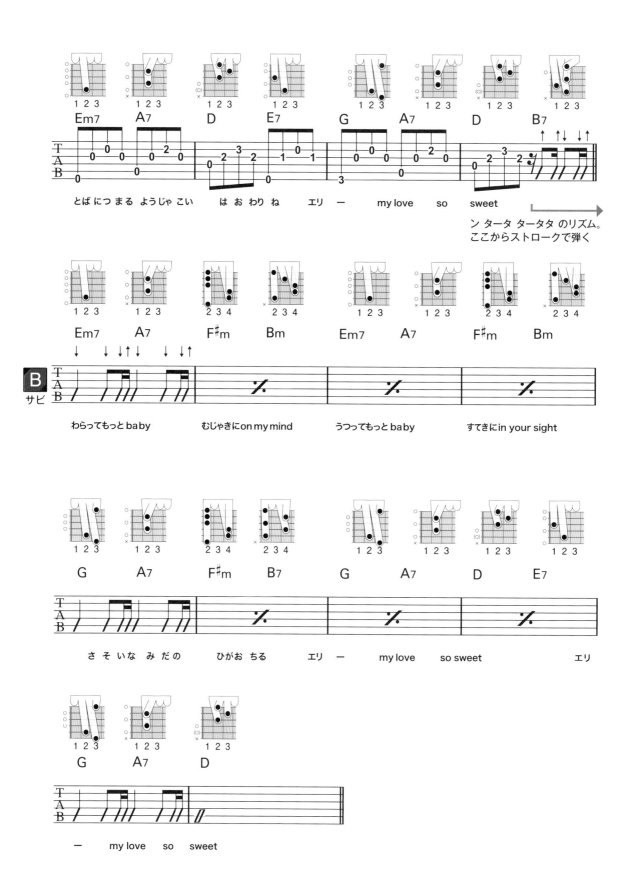

フィンガーピッキングで
弾いてみよう

この章では、指で弾くフィンガーピッキング
のテクニックを紹介する。まずは右手の使い
方を覚えて、練習曲を演奏しながら、フィン
ガーピッキングの指使いを覚えていこう！

フィンガーピッキングで弾いてみよう DVD 29

 指で弦を弾くことは、「フィンガーピッキング」や「指弾き」と呼ぶ。フィンガーピッキングを練習してピック弾きとは違う味わいの音色を楽しもう！

右手の使い方を覚えよう

指の役割分担

フィンガーピッキングでは、右手のそれぞれの指がどの弦を弾くかだいたい決まっている。親指は主に6～4弦の低音を弾き、ベースラインを担当する。人差し指は3弦、中指は2弦、薬指は1弦を弾く。

この役割分担を意識して、コツコツ繰り返し練習していこう。また、弾きたい弦以外の弦に触れないように注意しよう。

弾く指の例　右手　親 ＝親指　人 ＝人差し指　中 ＝中指　薬 ＝薬指

ピッキングのやり方

フィンガーピッキングでは、親指はダウンピッキング、人差し指・中指・薬指はアップピッキングが基本だ。

親指はつけ根から動かすようにして、弦と水平に当てて弾く。親指の指先だけで弾かないようにしよう。

人差し指、中指、薬指は、第2関節を使って弾く。手のひらの内側に折り込むようにして弾こう。

ピッキングをしても音がうまく鳴らない場合、左手でコードをきちんと押さえられているか一度チェックだ！

親指のピッキング

1 親指を水平に弦に当てる。

親指のつけ根
2 つけ根を動かしてピッキング。

人差し指・中指・薬指のピッキング

1 指先を弦に当てる。

手首は上げない
2 指を内側に折り込むようにピッキング。

DVD でチェック！

フィンガーピッキングの練習
それぞれの指の動かし方を見よう

マメ知識　譜面によっては右手の指使いを「p（親指）」、「i（人差し指）」、「m（中指）」、「a（薬指）」と書くこともある。

右手の動きの ポイント

フィンガーピッキングで弾くときは腕や手がブレないようにしよう。ピッキングの際は**手の甲が動かないように**気をつけよう。ストロークと違い、フィンガーピッキングで動かすのは指だ。

右手がブレて安定しない場合は、小指をピックガードに軽く当てて支点にしてもよいが、薬指のピッキングの力が安定しにくい欠点がある。他には、手首のつけ根の骨あたりをボディに軽く当てて支えてみてもよい。理想は、手はどこにも当てずに空中でピッキングができるのが一番だ。

手の甲は動かない

GOOD!

ピッキングのやり方に気をつければ、手の甲は動かない

BAD...

腕が上がってしまっている

小指や手首で 支えてもよい

小指をピックガードに当てている

手首のつけ根の骨をボディに当てている

右の写真のように、右手を支えてもよい。

ⓅⓄⒾⓃⓉ
「スリーフィンガー奏法」 という弾き方もある

親指・人差し指・中指の3つの指を使う「スリーフィンガー奏法」という弾き方がある。フォークやカントリー音楽などでよく使われている奏法で、親指でベース音を一定のリズムで刻んで弾く特徴がある。

1970年代のフォークソングブームの頃にアコギの基本奏法として浸透していたが、ブームが落ち着くにつれ、だんだんと使用されることが少なくなっていったテクニックである。

フォークなどを弾いてみたい人は練習してみてもよいだろう。

譜面と指使いの例

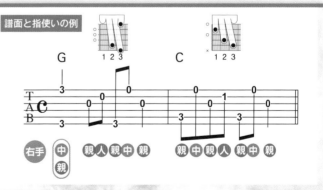

G   C

右手 （中 親） 親 人 親 中 親   親 中 親 人 親 中 親

この譜面の例では、1〜4拍目のオモテで親指がベース音を弾いている。

スリーフィンガー奏法では、親指で6弦の後に3弦を弾くなど、弾く弦が飛ぶことがあるので、小指をピックガードに当てて支えることが多い。

フィンガーピッキングで曲を練習しよう

練習曲で指使いに慣れていこう

　まずは、下の「カノン進行」を使った練習フレーズと、右ページの「少年時代」でフィンガーピッキングの指使いに慣れていこう。

　慣れないうちは、1つのコードや1つの小節だけで繰り返し練習してみてフィンガーピッキングの指使いを身につけよう。

POINT
練習曲Ex カノン進行でフィンガーピッキング練習フレーズ

カノン進行（カノンコード）とは、ヨハン・パッヘルベルのカノンで出てくるコード進行のこと。ポップスの曲でもよく使われているので、耳なじみのよいコード進行だ。

テンポ ♩＝85　ピッキング 指

弾く指の例　右手　親＝親指　人＝人差し指　中＝中指　薬＝薬指

POINT 中指と薬指で同時に2つの弦を弾く

C　G　Am　Em　F　C　F　G

指使いはこれの繰り返し

C　G　Am　Em　F　G　C

POINT 親指でゆっくりストローク

　マメ知識　コード進行とは、曲の中でのコードの流れのこと。コードは、どのように組み合わせるかある程度ルールがある。

SONGS 16

少年時代

井上陽水

作詞／井上陽水　作曲／井上陽水・平井夏美

テンポ ♩=80　カポタスト **2フレット**　ピッキング **指**

指使いは、ほぼずっと同じ。親指で弾く弦が変わるので、弾きたい弦を狙って弾けるようにしよう。

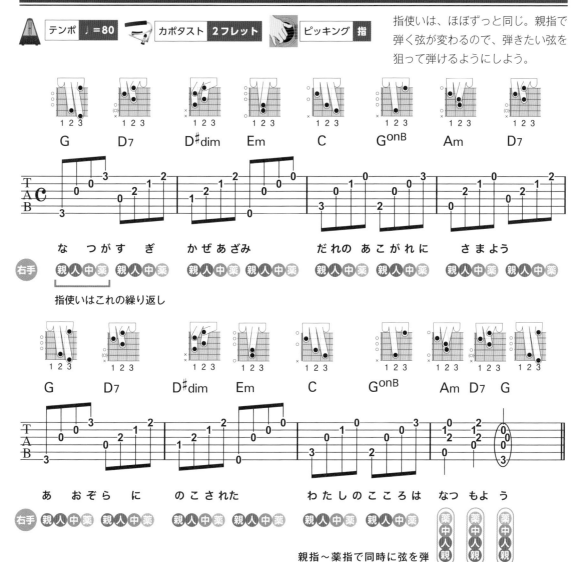

G　D7　D#dim　Em　C　GonB　Am　D7

な　つがす　ぎ　かぜあざみ　だれの　あこがれに　さまよう

右手　親人中薬　親人中薬　親人中薬　親人中薬　親人中薬　親人中薬　親人中薬　親人中薬

指使いはこれの繰り返し

G　D7　D#dim　Em　C　GonB　Am D7 G

あ　おぞら　に　のこされた　わたしのこころは　なつ　もよう

右手　親人中薬　親人中薬　親人中薬　親人中薬　親人中薬　親人中薬　薬中人親　薬中人親　薬中人親

親指〜薬指で同時に弦を弾く。弾く弦が変わるので注意

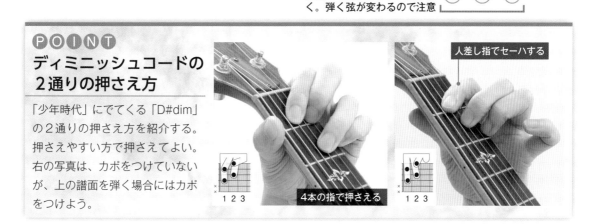

POINT
ディミニッシュコードの2通りの押さえ方

「少年時代」にでてくる「D#dim」の2通りの押さえ方を紹介する。押さえやすい方で押さえてよい。右の写真は、カポをつけていないが、上の譜面を弾く場合にはカポをつけよう。

4本の指で押さえる

人差し指でセーハする

さくら（独唱）

難易度
★★★☆☆

森山直太朗　　　　　作詞／森山直太朗・御徒町凧　作曲／森山直太朗

譜面	▷	コードはシンプルなものが続く。テンポがゆっくりな曲なので、アルペジオで弾きながらのコードチェンジに慣れていこう。
A メロ	▷	Aメロ4小節目などに出てくる指使いは難しいので、最初は弾けなくてもよい。弾きたい指で弾きたい弦を鳴らせるようにコツコツやろう。
右手	▷	はじめの1小節目で使われている基本パターンとなる指使いをまずは弾けるようになろう。

テンポ ♩=72　　カポタスト **1フレット**　　ピッキング **指**

A メロ ▷ B メロ ▷ C サビ ▷ A メロ ▷ B メロ ▷ C サビ ▷ END

 でチェック!

A メロ
僕らはきっと待ってる
君とまた会える日々を
さくら並木の道の上で
手を振り叫ぶよ
どんなに苦しい時も
君は笑っているから
挫けそうになりかけても
頑張れる気がしたよ

B メロ
霞みゆく景色の中に
あの日の唄が聴こえる

C サビ
さくら さくら 今,咲き誇る
刹那に散りゆく運命と知って
さらば友よ 旅立ちの刻
変わらないその想いを 今

A メロ
今なら言えるだろうか
偽りのない言葉
輝ける君の未来を願う
本当の言葉

B メロ
移りゆく街はまるで
僕らを急かすように

C サビ
さくら さくら ただ舞い落ちる
いつか生まれ変わる瞬間を信じ
泣くな友よ 今惜別の時
飾らないあの笑顔で さあ

さくら さくら いざ舞い上がれ
永遠にさんざめく光を浴びて
さらば友よ またこの場所で会おう
さくら舞い散る道の
さくら舞い散る道の上で

END

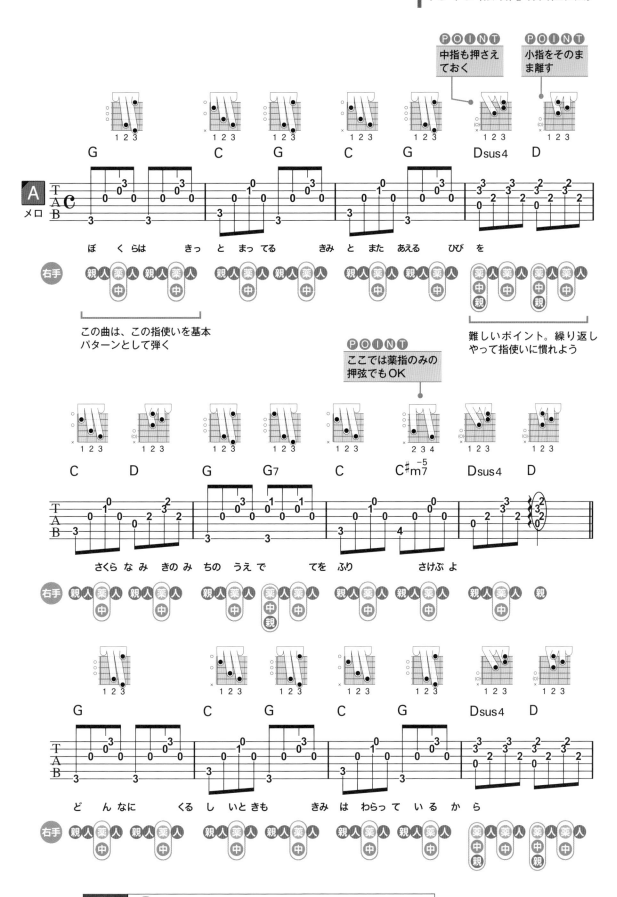

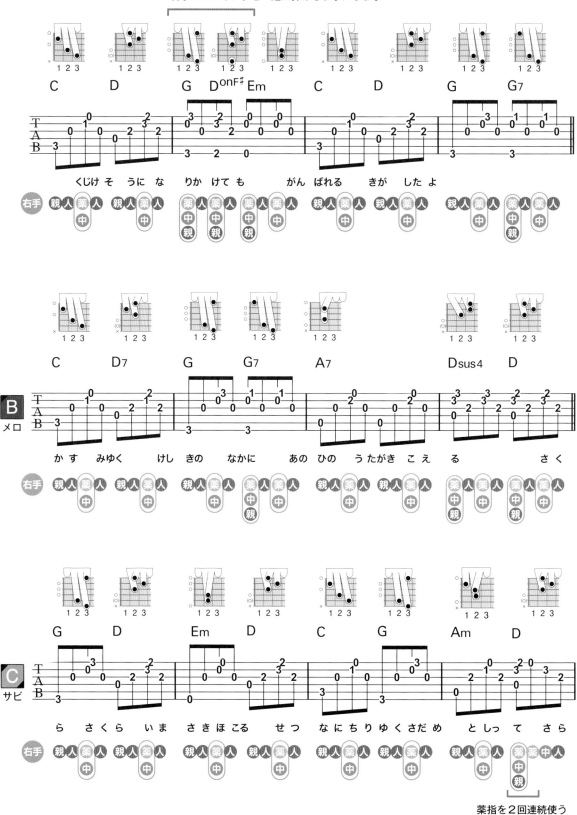

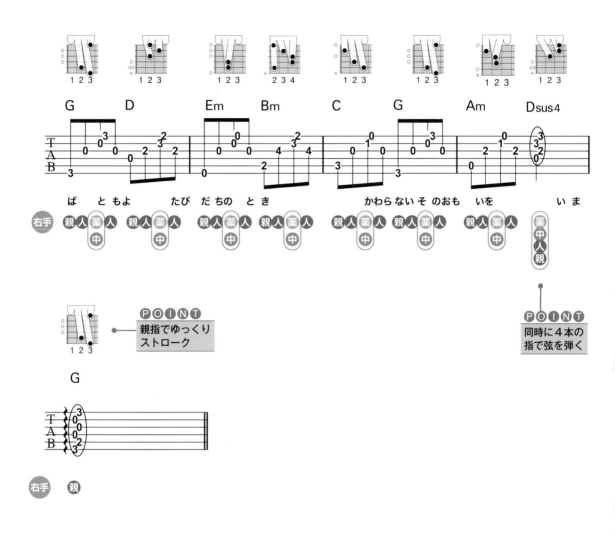

フィンガーピッキングでカッティングミュートに挑戦

右手側面のやや内側を当ててミュートする

DVDでチェック！

カッティングミュートの練習
指弾きでのコツを確認

70ページでは、ピックでのカッティングミュートを紹介したが、フィンガーピッキングでのカッティングミュートにも挑戦してみよう。

ピックのときと同じように、右手側面のやや内側をすべての弦に当てて音をミュートする。

ポイントは、右手で音をミュートするときに、右指のフォームをくずさずに次に弾く弦をすぐ弾けるようにしよう。

チャプターの後半を見てみよう！

1 弦を弾いたら…

右手側面のやや内側を、すべての弦に当てる

次弾く弦でスタンバイ

2 同時にすべての弦を右手でミュートし、次に弾く弦の上に各指をのせておくとスムーズに次のフレーズが弾ける。

勢いよく弦をミュートするとパーカッシブな音が出る

フィンガーピッキングでカッティングミュートはアコギでよく使われるテクニックだ。ミュートと同時に「チャッ」というパーカッシブな音を出すのも醍醐味のひとつ。

勢いよく弦をミュートすると、手のアタックで、弦がフレットに当たってパーカッシブな音を出すことができる。最初はなかなか難しいかもしれないが、繰り返し挑戦してみてちょうどよい力加減を見つけよう。

チャッ！

カッティングミュートをしたときに、弦がフレットに当たるとパーカッシブな音が出る。

SONGS 18
花束を君に
宇多田ヒカル

DVD 33

作詞／宇多田ヒカル　作曲／宇多田ヒカル

テンポ ♩=84　カポタスト 4フレット　ピッキング 指

カッティングミュートを練習してみよう。シンコペーションのコードチェンジに注意。

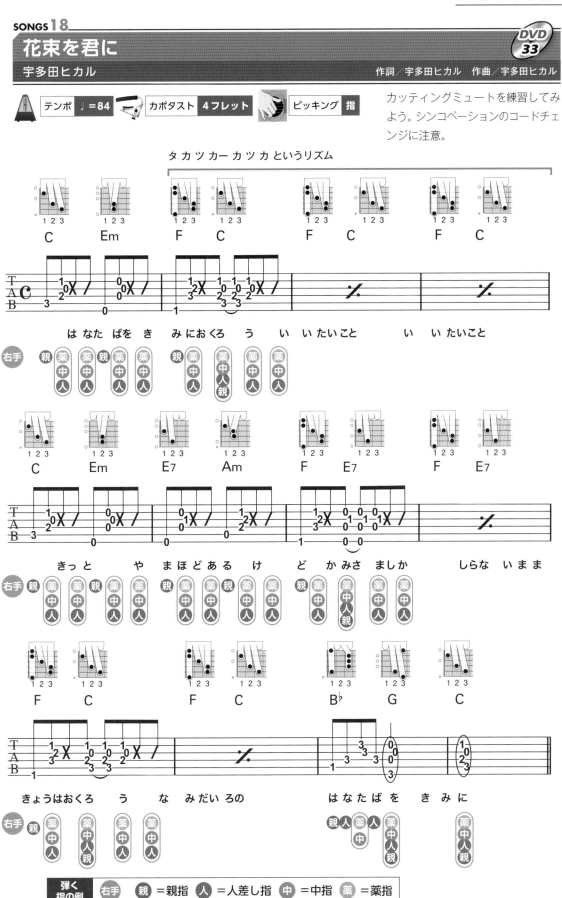

右手の爪を手入れしてみよう

右手の爪は伸ばしたほうがいいの？

　左手は弦を押さえるために短くしないといけないが、フィンガーピッキングのために右手の爪は伸ばしてもよいし、伸ばさなくてもよい。プロのギタリストでも人それぞれだ。

　爪を用いたピッキングはアタックがはっきりし、指先のピッキングは丸いやわらかな音色になる。好みの音色や生活の都合に合わせてどちらでもよい。伸ばす場合には、右の図を参考にしよう。

　また、親指にサムピックをつけると親指で弾くベース音を際立たせることもできる。自分の好みのやり方を見つけるとよい。

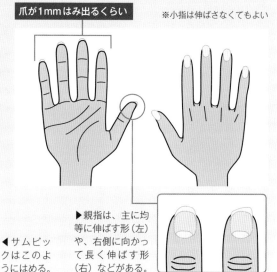

爪が1mmはみ出るくらい

※小指は伸ばさなくてもよい

◀サムピックはこのようにはめる。

▶親指は、主に均等に伸ばす形（左）や、右側に向かって長く伸ばす形（右）などがある。

爪の手入れをする道具

▶爪やすり。エメリーボードともいう。表裏で目の粗さが違うものもある。グリッドは100/180とあるものが扱いやすい。

▶ネイル用トリートメント。爪の生え際に塗り込む。

◀ネイル補強用のベースコート。フラメンコギタリストの沖仁氏と共同開発した。

◀プロに愛好家が多いグラスネイル。ギタリスト向けネイルキットには、お手入れのセット一式が入っている。

　爪を単に伸ばすだけだとすぐにヒビ割れてしまうので、手入れは不可欠になる。

　爪切りは爪に小さなヒビが入ってしまうので、形を整えるには、爪やすりがよい。爪やすりにはグリッドという目の粗さの数値があり、粗い目（グリッド100程度）でおおまかに削り、細かい目（グリッド180程度）のもので細かく形を整える。爪やすりは、必ず一方向へ動かすこと。爪にダメージを与えてしまうので、のこぎりのように交互に動かして削ってはいけない。

　爪の生え際に塗り込むネイル用トリートメントは、健康で丈夫な爪の成長を促す。

　また、爪の補強をする道具には、爪に直接塗るベースコートや、グラスネイルというギタリスト向けのネイルキットがある。

　ネイルサロンで形を整え、爪を補強してもらうこともできるので、爪を伸ばした演奏に興味がある人は探してみよう。

いろいろなテクニックを
身につけよう

この章では、演奏表現の幅を広げるためのテクニックを紹介する。ハンマリングオンやプリングオフなどの装飾的フレーズの弾き方や、さらなるミュートのテクニック、ボサノバ風のリズムに挑戦してみよう！

ハンマリングオンとプリングオフ

ハンマリングオンとプリングオフの練習をしよう。アコギではコードを弾きながら音の装飾に使うことの多いテクニックだ。ぜひ身につけよう！

ハンマリングオンを練習しよう DVD 34

「ハンマリングオン」は弦を叩いて音を鳴らす

左手の指で弦を叩くようにして押さえることで音を鳴らすテクニックをハンマリングオンという。プリングオフ（→108ページ）と組み合わせて使うことも多い。アコギではコードを押さえながらハンマリングオンをすることが多いので練習曲で挑戦してみよう。

DVD でチェック！

ハンマリングオン
指の叩きつけ方に注目

ハンマリングオンの記号

h.

T
A
B   3   5

1 薬指を振りかぶって準備しておく

上の譜面の例では、まず人差し指で1弦の3フレットを押さえて、ピッキングで音を鳴らす。

2 薬指で弦を叩くようにして1弦の5フレットを押さえる

それから5フレットに左手の薬指を叩きつけるようにして音を出す。叩きつける指は、適度に立てて叩きつけるときれいに音が出るはず。

POINT ハンマリングオンはスピードが大切

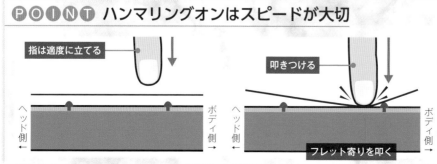

指は適度に立てる

叩きつける

ヘッド側 ←　　ボディ側 →

ヘッド側 ←　　ボディ側 →

フレット寄りを叩く

ハンマリングオンは力を入れるよりもスピードをつけることと、指を適度に立てるようにして叩きつけるのがポイント。DVDも参考にして練習しよう。

マメ知識 ハンマリングオンの記号「h.」は、楽譜によって「H」、「H.O.」と書くこともある。どれも同じ意味だ。

SONGS**19**

夏色

ゆず

DVD 35,36

作詞／北川悠仁　作曲／北川悠仁

テンポ ♩＝120　カポタスト **3フレット**　ピッキング **ピック**

和音を弾きながらのハンマリングオンを練習しよう。テンポが速いので最初はゆっくり弾いてみよう。

※DVDの1回目の模範演奏はテンポがゆっくりなスローバージョン。2回目は元の曲と同じテンポの演奏。

POINT ハンマリングオンの記号

POINT 小指は3フレットを押さえたままでOK。人差し指は、ハンマリングや開放弦を意識する

POINT 装飾音符。スラーでつながっているメインの音の前にほんの短い音を鳴らす

POINT リピート記号

Section **4** いろいろなテクニックを身につけよう

SONGS**20**

One more time, One more chance

山崎まさよし

DVD 37

作詞／山崎将義　作曲／山崎将義

テンポ ♩＝65　ピッキング **指**

まずは押さえるコードを確認してから、アルペジオの練習をしよう。

POINT 親指1本でストローク

POINT ハンマリングオンの記号

POINT リピート記号。2回目は次の小節へ進む

Aadd9　Aaug9　Dм7onA　Dm6onA　Aadd9

弾く指の例　右手　親＝親指　人＝人差し指　中＝中指　薬＝薬指

107

プリングオフを練習しよう

「プリングオフ」は弦に指を引っかけて音を出す

押さえた弦から、指を引っかけるようにして放すことで音を鳴らすテクニックをプリングオフという。引っかける指の動かし方に注意しよう。

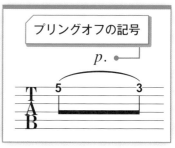

プリングオフの記号

p.

上の譜面の例では、人差し指で3フレット、薬指で5フレットをどちらも押さえて、ピッキングをして5フレットの音を鳴らす。

1

人差し指で1弦3フレットを押さえる

薬指で1弦5フレットを押さえてピッキングする

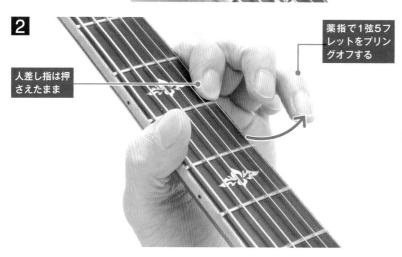

2

人差し指は押さえたまま

薬指で1弦5フレットをプリングオフする

それから薬指を引っかけるような動作で弦を鳴らして3フレットの音を出す。細かい指の動きはDVDでも見てみよう。

DVDでチェック！

プリングオフ
指の引っかけ方に注目

POINT
指先を使ってプリングオフしよう

プリングオフで音を出すときは指先を弦に引っかける。このときも押さえる指を寝かせすぎているときれいな音が出ない。ハンマリングオンもプリングオフも、指を適度に立てるように押さえた状態から音を出すときれいに鳴るようになる。

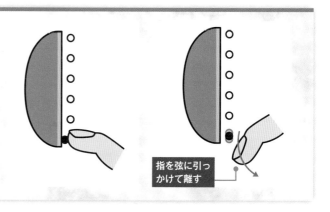

指を弦に引っかけて離す

マメ知識 プリングオフの記号「p.」は、楽譜によって「P」、「P.O.」と書くこともある。どれも同じ意味だ。

SONGS**21**

サヨナラ COLOR
SUPER BUTTER DOG

作詞／永積タカシ　作曲／永積タカシ

 テンポ ♩=58　 カポタスト **4フレット**　 ピッキング **指＆ピック**

最初は指で弾こう。コードチェンジがめまぐるしいが指使いはシンプル。押さえる指をダイアグラムにしたので参考にしよう。

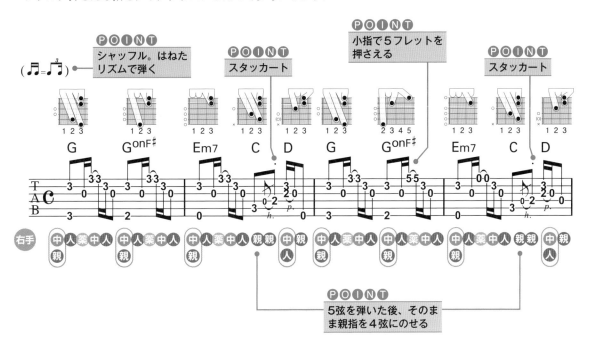

POINT
シャッフル。はねたリズムで弾く

POINT
スタッカート

POINT
小指で5フレットを押さえる

POINT
スタッカート

POINT
5弦を弾いた後、そのまま親指を4弦にのせる

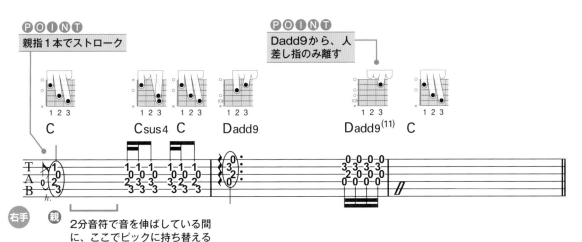

POINT
親指1本でストローク

POINT
Dadd9から、人差し指のみ離す

右手   2分音符で音を伸ばしている間に、ここでピックに持ち替える

弾く指の例　右手　親＝親指　人＝人差し指　中＝中指　薬＝薬指

Section

4

いろいろなテクニックを身につけよう

蕾（つぼみ）

コブクロ

作詞／小渕健太郎　作曲／小渕健太郎

DVD 39

テンポ ♩=76	カポタスト 2フレット	ピッキング 指

ハンマリングオンとプリングオフを続けて弾くフレーズに挑戦しよう。
右手は難しい指使いが出てくるので、繰り返し練習してみよう。

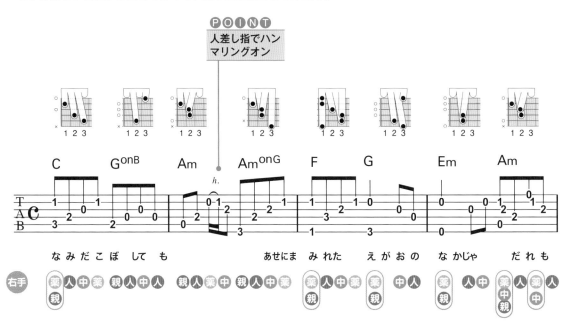

POINT
人差し指でハンマリングオン

C　GonB　Am　AmonG　F　G　Em　Am

なみだこぼ　して　も　　あせにま　みれた　えがおの　なかじゃ　だれも

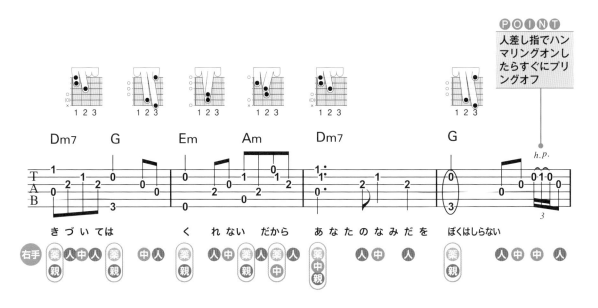

POINT
人差し指でハンマリングオンしたらすぐにプリングオフ

Dm7　G　Em　Am　Dm7　G

きづ　い　ては　　く　れない　だから　あなたのなみだを　ぼくはしらない

| 弾く 指の例 | 親＝親指 | 人＝人差し指 | 中＝中指 | 薬＝薬指 |

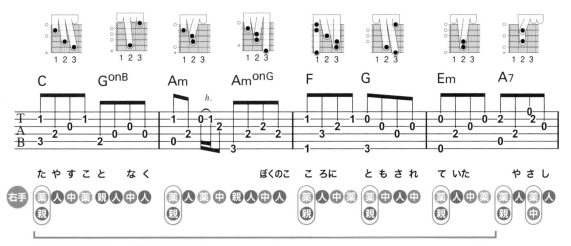

最初の4小節とコード進行はほぼ同じ

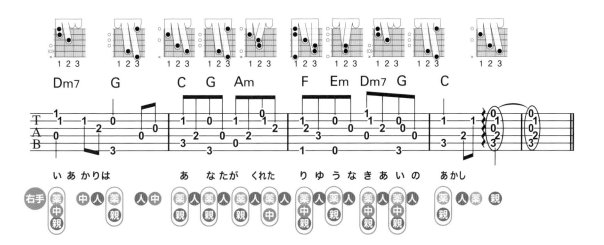

℗⓪ℹⓝⓣ 「ハンマリングオン」と「プリングオフ」を続けて弾いてみよう

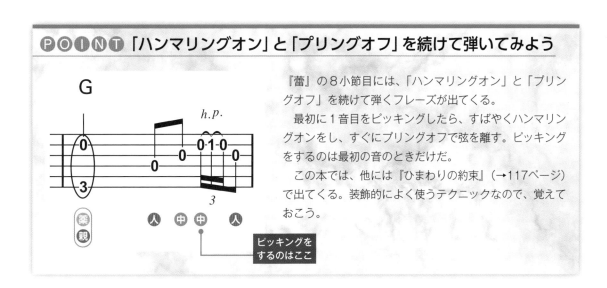

『蕾』の8小節目には、「ハンマリングオン」と「プリングオフ」を続けて弾くフレーズが出てくる。

最初に1音目をピッキングしたら、すばやくハンマリングオンをし、すぐにプリングオフで弦を離す。ピッキングをするのは最初の音のときだけだ。

この本では、他には『ひまわりの約束』（→117ページ）で出てくる。装飾的によく使うテクニックなので、覚えておこう。

LESSON 21 表現の幅を広げよう！
いろいろなミュートを弾いてみよう②

ギターのミュートテクニックは他にもある。「ブリッジミュート」と「ブラッシングミュート」を覚えて、表現の幅を広げていこう！

ブリッジミュートを練習しよう

「ブリッジミュート」は ブリッジの近くに右手を置く

ブリッジミュートでは、カッティングミュートと同様に、弦に触れるのは右手の側面のやや内側だ。ポイントになるのは、ブリッジの近くに右手を弦にのせてピッキングすること。ブリッジミュートでは「しっかりと音を消す」というよりも「音程感を残したまま音を押さえる」くらいのイメージでOK。むしろ、右手を強く押し当てすぎないように注意する。

ちょうどよい響きをする位置を見つけよう！

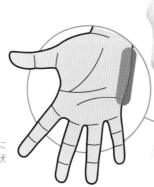

ブリッジ部分の近くに右手の側面をのせた状態でピッキングする。

DVD でチェック！

ブリッジミュート

『小さな恋のうた』の模範演奏を見て右手の位置と響き方を確認しよう

POINT
パワーコードを 押さえてみよう

右ページの『小さな恋のうた』に出てくるパワーコードは、2本の指で和音が弾ける押さえ方。

パワーコードは6弦または5弦をルート音にして弾くコードだ。弾かない弦はきちんとミュートすることが大事。ミュートは人差し指で弾かない弦を軽く触れてやろう。

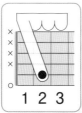

1 2 3

E

6弦開放弦をルート音にするパワーコード。

6弦（開放弦）

5弦

人差し指のはらで1〜4弦を軽く触れてミュートする

1〜3弦をミュートする

2 3 4

B

5弦2フレットをルート音にするパワーコード。

5弦

4弦

6弦をミュートする

マメ知識 ▶「ブリッジミュート」は単に「ミュート」と呼ばれることもある。

SONGS **23**

小さな恋のうた

MONGOL800

作詞／上江洌清作　作曲／MONGOL800

テンポ ♩＝116　　　ピッキング **ピック**

ブリッジミュートとパワーコードを押さえてみよう。

POINT
ブリッジミュート。
すべてダウンで弾く

ゆめ　ならばさめないで　　ゆめ　ならばさめないで　　あな

POINT
右手で弦に触れて音を止めよう

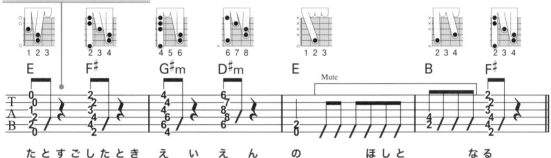

たとすごしたとき　えいえん　の　　ほしと　なる

ブラッシングミュートを練習しよう

「ブラッシングミュート」で
パーカッシブな音を出そう

　ブラッシングミュートは左手を使ってミュートを
しながら弦を弾くテクニックだ。バレーコードなど
ですべての弦を押さえた状態から、左手を浮かせて
軽く触れた状態でピッキングをすると「パラッ」
「ザッ」という音程感のないパーカッションのよう
な音が出る。右手はコードストロークのときと同じ
ように弾こう。

DVD でチェック！

ブラッシングミュート
左手の浮かせ具合に注目

ブラッシングミュートを
している状態。

セーハで押さえてい
る状態。

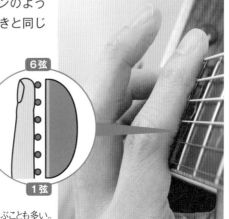

6弦

1弦

　右図のように弦に指が触れた状態でピッ
キングする。図では人差し指のみだが、
他の指も触れていてOKだ。まずは、バ
レーコードのブラッシングミュートのよ
うな簡単な例から試してみよう。

マメ知識▶「ブラッシングミュート」は単に「ブラッシング」と呼ぶことも多い。

めざせポケモンマスター

難易度 ★★★★☆

松本梨香 　　　作詞／戸田昭吾　作曲／たなかひろかず

譜面	▷	バレーコードが全体的に多く、左手が疲れる曲だ。長時間練習するときは休憩をしっかりとって、左手を酷使しないように注意しよう。
A メロ	▷	速いコードストロークとブラッシングミュートがあるため、最初はテンポをかなり落として、確認しながら練習するとよい。
C サビ	▷	バレーコードでハイポジションを押さえるフレーズが多い。高〜低のフレットを広く使うので、位置を間違えないように注意しよう。

テンポ ♩=115 　　ピッキング ピック

(IN) ▷ **A** メロ ▷ **B** メロ ▷ **C** サビ ▷ **A** メロ ▷ **B** メロ ▷ **C** サビ ▷ **D** メロ ▷ **C** サビ ▷ **D** メロ ▷ END

(IN) （ポケモン ゲットだぜーッ！）

（イントロ）

 でチェック！

A メロ
たとえ 火の中 水の中
草の中 森の中
土の中 雲の中
あのコのスカートの中
（キャ〜！）
なかなか なかなか
なかなか なかなか 大変だけど
かならずGETだぜ！
ポケモンGETだぜ！

B メロ
マサラタウンに
さよならバイバイ
オレはこいつと 旅に出る
（ぴかちゅう！）
きたえたワザで 勝ちまくり
仲間をふやして 次の町へ

C サビ
いつもいつでも
うまくゆくなんて
保証はどこにも ないけど
（そりゃそうじゃ！）
いつでもいつも
ホンキで生きてる
こいつたちがいる

A メロ
たとえ 火の中 水の中
草の中 森の中
土の中 雲の中
あのコのスカートの中
（しつこ〜いッ！）
なかなか なかなか
なかなか なかなか 大変だけど
かならずGETだぜ！
ポケモンGETだぜ！

B メロ
たたかいつかれて
おやすみグッナイ
まぶたを閉じれば
よみがえる
（ぴかちゅう??）
ほのおが燃えて がぜが舞い
鳴き声とどろく あのバトルが

C サビ
きのうの敵は きょうの友って
古いコトバが あるけど
（古いとはなんじゃ〜っ！）
きょうの友は あしたも友だち
そうさ 永遠に

D メロ
ああ あこがれの
ポケモンマスターに
なりたいな ならなくちゃ
ゼッタイなってやるーッ！

C サビ
ユメは いつか
ホントになるって
だれかが歌って いたけど
つぼみがいつか
花ひらくように
ユメは かなうもの

いつもいつでも
うまくゆくなんて
保証はどこにも ないけど
（そりゃそうじゃ！）
いつでもいつも
ホンキで生きてる
こいつたちがいる

D メロ
ああ あこがれの
ポケモンマスターに
なりたいな ならなくちゃ
ゼッタイなってやるーッ！

ああ あこがれの
ポケモンマスターに
なりたいな ならなくちゃ
ゼッタイなってやるーッ！

END

マメ知識 ▶ 『めざせポケモンマスター』は1997年に放送されたアニメ『ポケットモンスター』の初代オープニングテーマ曲だ。

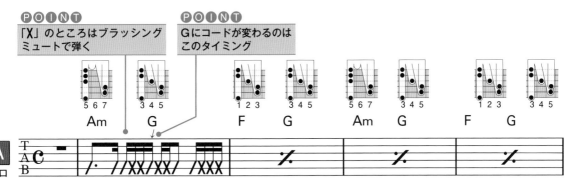

POINT 「X」のところはブラッシング
ミュートで弾く

POINT Gにコードが変わるのは
このタイミング

Am　G　F　G　Am　G　F　G

A メロ

たとえ　ひのなかみずのなかくさのなか　　もりのなか　　つちのなかくものなかあのこのスカートの　なか（キャ〜！）

Aメロのテンポが速いので最初はゆっくり練習しよう

Am　G　F　G　Am　G　F　G

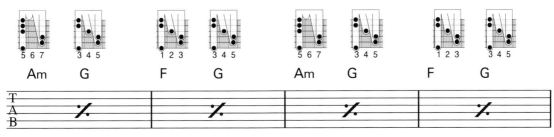

なかなかなかなかなかなかなかなか　たいへんだけ　ど　　かな　らず　GET　だぜ！　ポケ　モン　　GET　だ

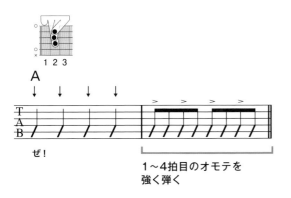

A

ぜ！

1〜4拍目のオモテを
強く弾く

次ページへ続く

POINT　ブラッシングミュートのコツをつかもう

　ブラッシングミュートは、左手で弦を浮か
せた状態で触れてストロークする。うまくで
きない場合には、弦を浮かせた状態で左手を
しっかり弦に触れてミュートできているか、
フレットの上に指がきていないか、確認して
みよう。

　『めざせポケモンマスター』では、まずは、ゆっ
くりのテンポで、リズムを覚えて、ストロー
クのタイミング、ブラッシングミュートのタ
イミングを手に覚えさせよう。

「X」でブラッシングミュート

A　G

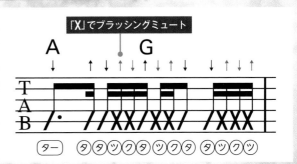

（ター）（タ）（タ）（ツ）（ク）（タ）（ツ）（ク）（タ）（タ）（ツ）（ク）（ツ）

ストロークとブラッシングミュートのタイミングを手に覚えさせよ
う。難しいので、譜面通りに完璧に弾こうとせず、省略してもよい。

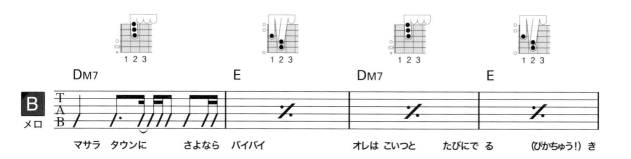

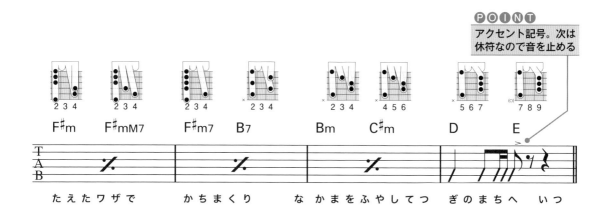

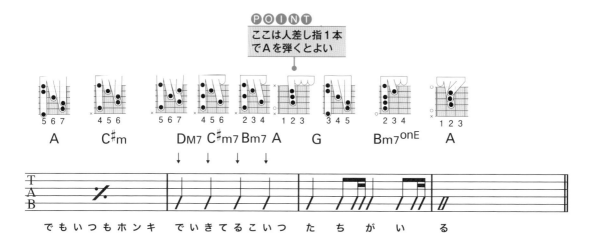

SONGS 25 練習曲を演奏しよう! DVD 43

ひまわりの約束

秦基博　　　　　　　　　　作詞／秦基博　作曲／秦基博

難易度 ★★★★★

譜面 ▷	ハンマリングオンの箇所など、譜面通りに完璧に弾こうとするととても難しいので、いくつかの箇所は省略しつつ練習してみよう。
▷	add9やsus4などの押さえ方が難しいコードがあるので、あらかじめ押さえ方を覚えてから練習しよう。
▷	複雑なコードが多いため、ここもきちんとコード進行を予習してから挑戦しよう。アルペジオが難しい場合はコードストロークで弾こう。

テンポ ♩=79　　カポタスト **5フレット**　　ピッキング **指**

 ▷ ▷ ▷ ▷ ▷ ▷ END

 （イントロ） でチェック!

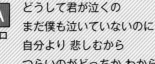
A メロ
どうして君が泣くの
まだ僕も泣いていないのに
自分より 悲しむから
つらいのがどっちか わからなくなるよ

B メロ
ガラクタだったはずの今日が
ふたりなら 宝物になる

C サビ
そばにいたいよ
君のために出来ることが 僕にあるかな
いつも君に ずっと君に
笑っていてほしくて
ひまわりのような
まっすぐなその優しさを 温もりを 全部
これからは僕も 届けていきたい
ここにある幸せに 気づいたから

A メロ
遠くで ともる未来
もしも 僕らが離れても
それぞれ歩いていく
その先で また 出会えると信じて

B メロ
ちぐはぐだったはずの歩幅
ひとつのように 今 重なる

C サビ
そばにいること
なにげないこの瞬間も 忘れはしないよ
旅立ちの日 手を振る時
笑顔でいられるように
ひまわりのような
まっすぐなその優しさを 温もりを 全部
返したいけれど 君のことだから
もう充分だよって きっと言うかな

そばにいたいよ
君のために出来ることが 僕にあるかな
いつも君に ずっと君に
笑っていてほしくて
ひまわりのような
まっすぐなその優しさを 温もりを 全部
これからは僕も 届けていきたい
本当の幸せの意味を見つけたから

 END

Section 4 いろいろなテクニックを身につけよう

難しい場合には、コードストロークで弾いてもよい。コードダイアグラムは、コード
で弾いたときのもの。TAB譜の弾き方は、DVDも見て押さえ方を確認しよう

弾く
指の例　右手　親 ＝親指　人 ＝人差し指　中 ＝中指　薬 ＝薬指

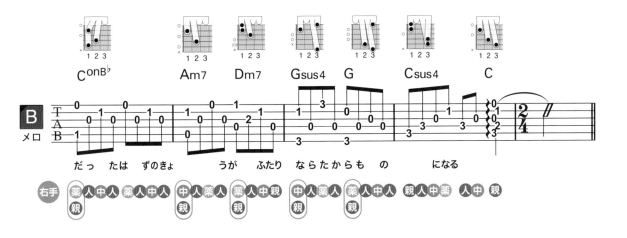

POINT
C#dimの形から人差し
指を1弦3フレットに

POINT
開放弦を弾いている間に
コードチェンジ

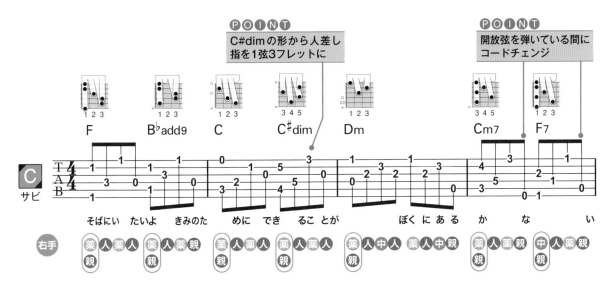

Section

4

いろいろなテクニックを身につけよう

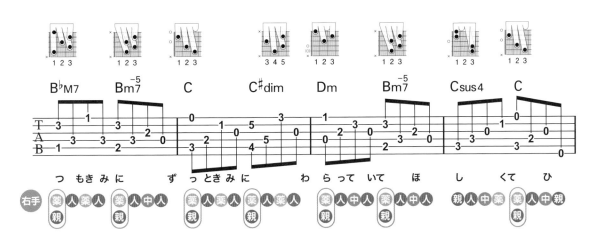

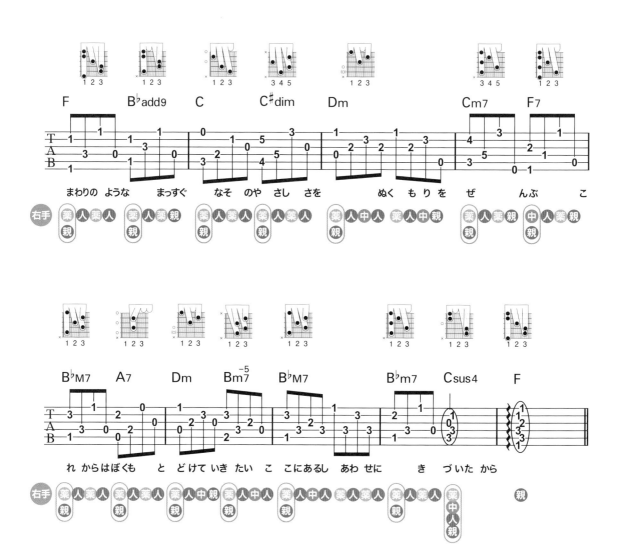

POINT
コードを押さえるポジションを
変えてみてもよい

『ひまわりの約束』の C サビのコードは、CやDmをオープンコードでTAB譜とダイアグラムを表記しているが、ここをバレーコードで弾くこともできる。バレーコードで弾くと、B♭からDmまで半音ずつ（1フレットずつ）コードのルート音が上がり、Cm7で半音下がる流れになる。

この本に書いてあるダイアグラム類はひとつの例なので、バレーコードで弾いたほうが弾きやすいとか、響きが好み、などと思う場合には、自分が弾きやすいように自由に変えてもよい。

バレーコードをずっと弾いていると疲れるので楽なやり方でよいが、ちょっとしたアイデアとしてこのような例も紹介した。

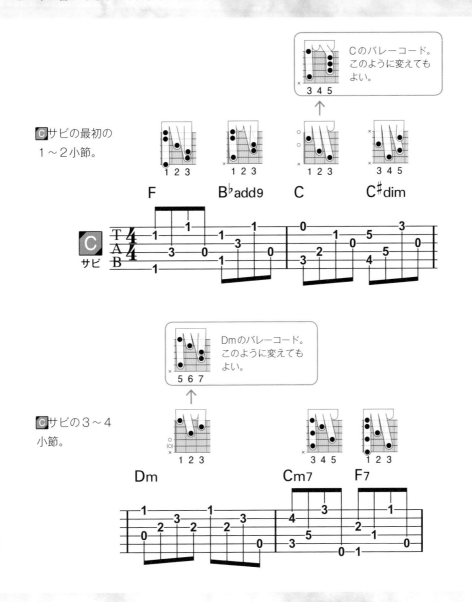

LESSON 22　表現の幅を広げよう！

コードフォームをかえてみよう

コードの押さえ方は、コードの構成音が合っているならばかえることができる。
セーハを使わずに押さえられるコードを紹介する。

人差し指のセーハを使わないコード

楽に弾ける手段を探してみよう

アコギのスチール弦はエレキギターと比べて太く、弦を押さえるのに苦労する人もいるだろう。セーハで鳴らしたい音をしっかり鳴らせるようになることは基本だが、楽な押さえ方に変えてもよい。

例えば、右ページの『ありがとう』では、Gm7をジャズでよく使われる押さえ方に置き換えて模範演奏を弾いている。ジャズのギターコードは、4つの和音で押さえることが基本なので、人差し指のセーハを使わない押さえ方が多いのだ。

別の押さえ方は、市販のギター用コードブックやスマートフォン用アプリなどでコードダイアグラムを見ることができるので探してみよう。

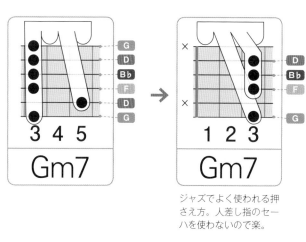

ジャズでよく使われる押さえ方。人差し指のセーハを使わないので楽。

中指で軽く触れてミュートする

オープンコードだが、Gの押さえ方も簡単にできる。これもコードの構成音が左右で一緒だ。

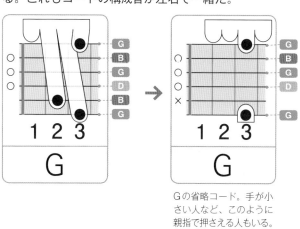

Gの省略コード。手が小さい人など、このように親指で押さえる人もいる。

親指で軽く触れてミュートする

　マメ知識　コードを置き換える場合、コードの一番低い音はルート音にするようにしよう。

SONGS 26

ありがとう

いきものがかり

作詞／水野良樹　作曲／水野良樹

DVD 44

テンポ ♩=79　ピッキング ピック

定番のストロークパターンの譜面だ。押さえるコードを
置き換えて弾いてみよう。

POINT
カッティングミュート

ボサノバ風のリズムを弾いてみよう

 ボサノバはブラジルで生まれた音楽だ。基本的なリズムを練習して、いろいろな
ポップスをボサノバ風に弾いてみよう！

ボサノバの基本リズム

指使いとリズを覚えよう

まずはコードを押さえずに、右手の練習をしてみよう。他のフィンガーピッキングと同じように、低音のベース音を親指で弾き、和音を人差し指、中指、薬指で弾く。

リズムは下の譜例のように、「タン タン タ タン タ」の繰り返しで弾いてみよう。慣れてきたら、コードも押さえてやってみよう。他の曲でも、ボサノバ風のリズムを弾いて楽しもう！

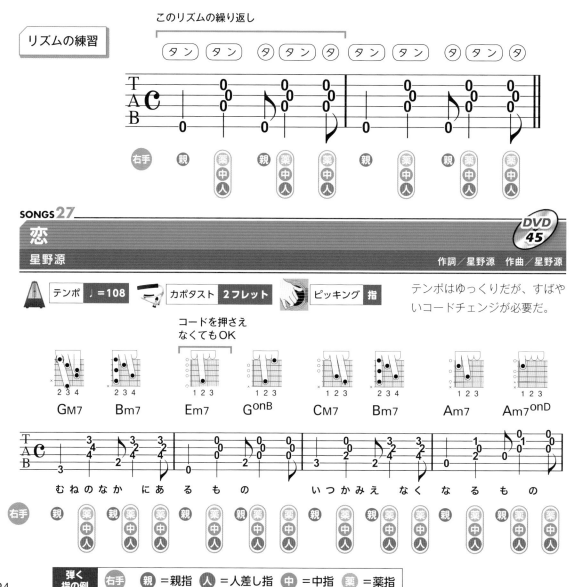

SONGS 27

恋

星野源

作詞／星野源　作曲／星野源

むねのなか　に　あ　る　も　の　　　いつかみえ　なく　な　る　も　の

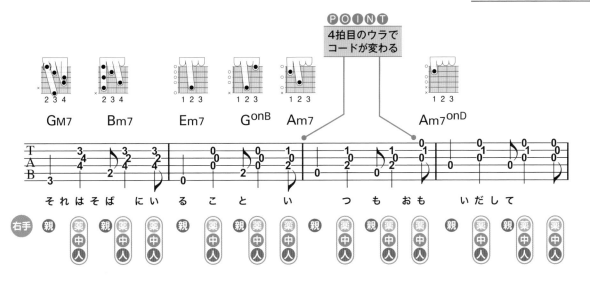

はじめの4小節と同じコード進行

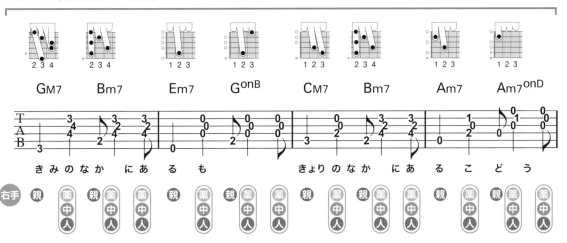

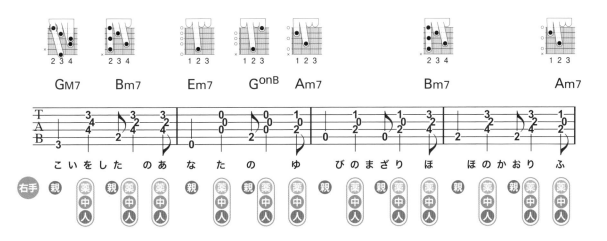

2小節ずつ同じコードが繰り返される。サビの終わりに向けて曲を盛り上げて収束させる

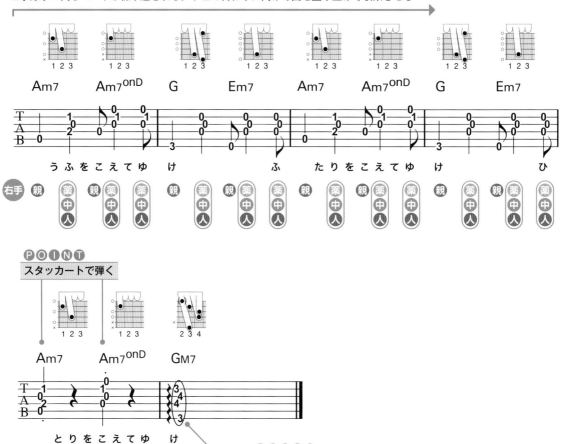

ⓅⓄⒾⓃⓉ ボサノバの別パターンのリズムに挑戦！

『恋』を別のリズムパターンのボサノバでも弾いてみよう。最初の1小節目は124ページの
リズムと同じだ。2小節目のリズムが少し変わり、「タン タン タ タン タ タ タン タ タン タン」
となる。慣れてきたらこのリズムにもチャレンジしよう！

この2小節のリズムをひとまとまりとして繰り返して弾く

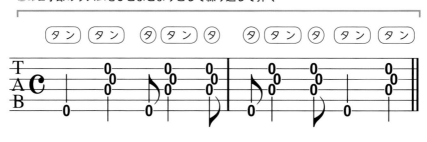

126

ソロギターを
弾いてみよう

ソロギターとは、1人でメロディと伴奏を弾く
ことだ。この章では、まずメロディを弾くとき
のポイントを紹介する。また、主旋律をメイン
で弾くリードギターに役立つスライド、グリッ
サンドのテクニックも紹介。この章の最後では、
ソロギターに挑戦してみよう！

メロディを弾いてみよう

これまでは、ストロークやアルペジオを中心とした演奏を紹介してきたが、次は曲のメロディを弾いてみよう！　慣れてくればアコギがもっと楽しくなる。

単音ピッキングのポイント

単音ピッキングのコツを確認しよう

単音ピッキングの基本的なポイントは、右手や右腕の力を適度に抜いて弾くこと、弾きたい弦をピンポイントに弾けるようにすることだ。テンポがゆっくりな曲のときはすべてダウンピッキングで弾いてよい。また、速い曲やフレーズのときは、ダウンとアップピッキングを交互に弾く「オルタネイトピッキング」で弾いてもよい。

ピックが弦に深く入り込んでいないこと、ピックが弦に対して水平になっているかがポイントだ。ダウンとアップでなるべく音の大きさが均一になるようにしよう。

ピックは浅く。深く入れると引っかかってリズムがブレやすい

ピックは弦に対して水平にする

押弦するときの左手のポイント

左手の動きは省エネで！メロディの流れも意識しよう

弦を押さえる左手の指づかいのことを「運指」と呼ぶ。様々なフレーズを弾きこなすには、スムーズな運指を心がけることが大切だ。音と音のつながりもきれいになる。

右ページの「ロックフォームでドレミ」の例でいうと、まず、指は弦から遠く離さないこと。弦を押さえるための準備だ。

移弦のポイントは、次に押さえる弦の上で待機しておく。メロディの流れを意識することにつながる。

押弦のポイントは、次の音を弾くまで、前の指は離さないこと。次の音が鳴る前に音が途切れてしまいかねない。

移弦と押弦のポイントは、前後の音によって使い方が変わる。譜面を見たらどのような運指で弾けるか考えてみよう！

指は弦から遠く離さない

弦から近いところに指があればすばやく押弦できる。

次に押さえる弦の上で待機

次に弾く音を意識するようになれば段々とできるようになるはずだ。

レ（D）

ミ（E）

「D」を弾いているときに次の「E」の上で待機

次の音を弾くまで指を離さない

次の音を弾く前に、前の指を離すと、音が途切れてしまいやすい。

ソ（G）

ファ（F）

「G」を弾くまで前の音の「F」の指を離さない

ロックフォームでドレミファソラシド

ロックフォームで単音を弾いてみよう

　ロックフォームでドレミファソラシドを弾いてみよう。力を入れすぎずに、適度にリラックスした状態でネックを握ろう。下の押さえ方の場合、オープンコードの「C」を押さえてから始めるとスムーズな運指ができる。弾くフレーズの流れを意識して指の押さえ方を考えられるようになるとよい。

押さえる指の例

左手

人	＝人差し指
中	＝中指
薬	＝薬指
小	＝小指

ⓅⓄⒾⓃⓉ 「ドレミファソラシド」を弾いてみよう①ロックフォーム

下の写真は、上の図に合わせてそれぞれの指で押さえた状態。
この押さえ方だとネックを自然に握った状態で押さえられる。

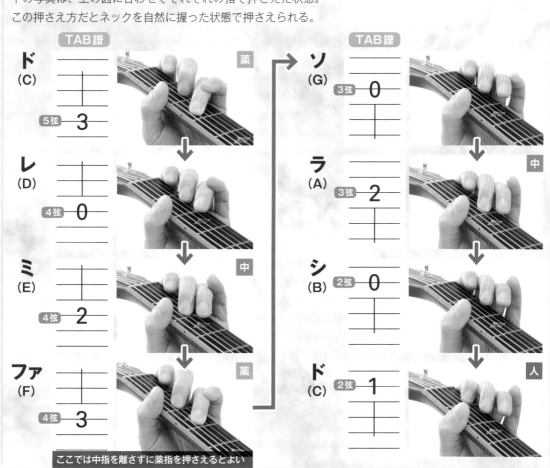

クラシックフォームでドレミファソラシド

**押さえる指を確認
しながら練習しよう**

　次はクラシックフォームで弾いてみよう。押さえるポジションを変えたので、まずは運指をイメージしながらドレミの位置を覚えよう。ポジションを変えると、手のフォームや弾きやすさが変わることを実感できるはずだ。このように、同じフレーズでも様々なポジションで押さえることができるということを覚えておこう。

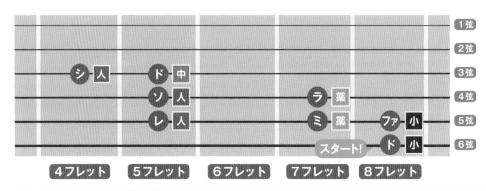

ⓅⓄⒾⓃⓉ 「ドレミファソラシド」を弾いてみよう②クラシックフォーム

ネックの裏にまわした左手の親指をなるべく動かさないように意識すると、
少ない移動で運指がスムーズにできるはずだ。

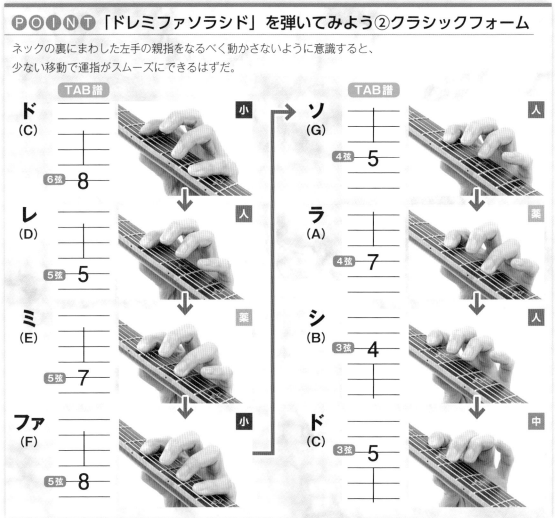

ド (C) 6弦 8

レ (D) 5弦 5

ミ (E) 5弦 7

ファ (F) 5弦 8

ソ (G) 4弦 5

ラ (A) 4弦 7

シ (B) 3弦 4

ド (C) 3弦 5

130　マメ知識▶「ドレミファソラシド」などのような音階のことを「スケール」という。

SONGS 28
きらきら星

DVD 47

テンポ ♩=80　　ピッキング ピック

同じメロディを低いポジションと高いポジションで弾こう。指使いとフォームを意識して弾いてみよう。

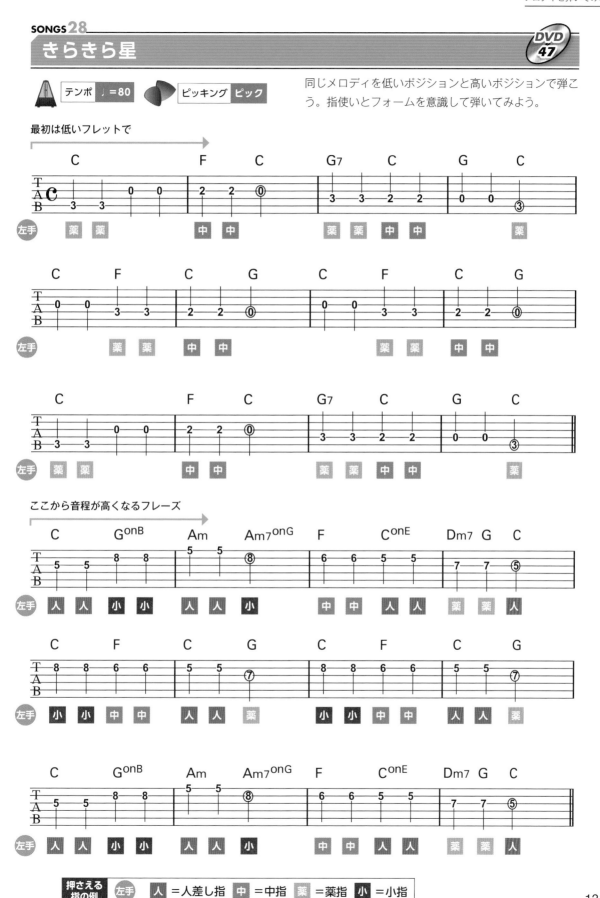

Section 5　ソロギターを弾いてみよう

押さえる指の例　左手　人＝人差し指　中＝中指　薬＝薬指　小＝小指

茶色の小瓶（メロディ）

 テンポ ♩=70　　ピッキング ピック

左と右のページの譜面は、同じ曲のメロディと伴奏だ。人と一緒に演奏してみたり、自分の伴奏を録音して、録音に合わせてメロディを弾いてみたりするのも楽しいぞ！

押さえる指の例　左手　人＝人差し指　中＝中指　薬＝薬指　小＝小指

ＰＯＩＮＴ
2分の2拍子の記号

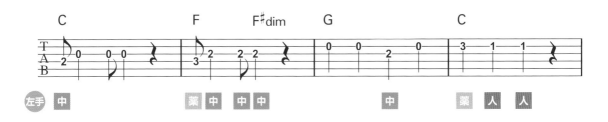

黒い点はスタッカート。音を切って弾く

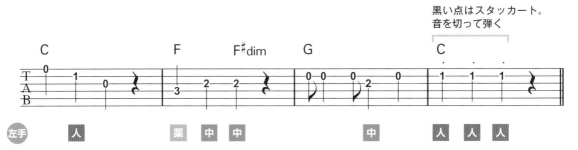

　マメ知識　「茶色の小瓶」の原題は「Little Brown Jug」。アメリカで、グレン・ミラーのビッグバンドで演奏され大ヒットした。

SONGS 29

茶色の小瓶（伴奏）

 テンポ ♩=70　 ピッキング 指

ズンチャッ ズンチャッと軽快に弾こう。サムピックを使ってベース音を強調するのもよい。

POINT ウラ拍の音はすべてスタッカート

POINT 3拍目で薬指を6弦に移動

弾く指の例　右手 親=親指　人=人差し指　中=中指　薬=薬指

C　　　　　　F　　F#dim　　G　　　　C

   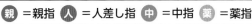

右手 親 薬中人 親 薬中人　親 薬中人 親 薬中人　親 薬中人 親 薬中人　親 薬中人 親 薬中人

5弦と6弦のベースラインの音はすべてブリッジミュートで弾く

C　　　　　　F　　F#dim　　G　　　　C

右手の指使いははじめの4小節と同じ

C　　　　　　F　　F#dim　　G　　　　C

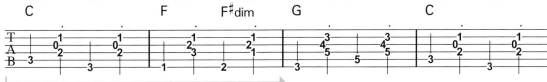

C　　　　　　F　　F#dim　　G　　　　C

C　　　　　　F　　F#dim　　G　　　　C

最後はすべてスタッカート

右手

スライドとグリッサンドを弾いてみよう DVD 50

スライドとグリッサンドは、ハンマリングオンやプリングオフのように**音符の装飾に使えるテクニック**だ。メロディを弾くときに、装飾的な表現ができるぞ。

スライドとグリッサンドを練習しよう

「スライド」は弦を押さえたまま滑らせる

音が鳴った状態のまま、弦を押さえた指を滑らせて、次の音につなげるテクニックをスライドという。右の例は1弦5フレットから7フレットへのスライドを示している。

はじまりと終わりの音が譜面で指定されているものがスライドだ。はじまりの音だけをピッキングする。スライドは、高音に向かって弾くときは「スライドアップ」、低音に向かって弾くときは「スライドダウン」という。

スライドの記号

| スライドアップ |

ブリッジ側に向かって低音から高音へスライドさせる

ブリッジ側に向かって低音から高音へスライドさせるテクニックをスライドアップという。上の譜面の例の場合、弦をピッキングするのは5フレットの音だけで、7フレットの音は弾かず、スライドさせた音を鳴らす。

| スライドダウン |

ヘッド側に向かって高音から低音へスライドさせる

ヘッド側に向かって高音から低音へスライドさせるテクニックをスライドダウンという。

DVD でチェック！

スライド
左手を動かす速さに注目

マメ知識 ▶ 左手の指にはめて独特なスライド奏法をするための「スライドバー」というギターグッズもある。

「グリッサンド」には 細かな指定がない

指の動かし方はスライドと同じようなテクニックだが、音程を上げる**グリスアップ**でははじまりの音が決まっておらず、音程を下げる**グリスダウン**では終わりの音が指定されていない。譜面でグリッサンドの記号を見つけたら、元の曲を聞いて雰囲気をつかむことが大事だ。

グリッサンドの記号

「*gliss.*」や「*g.*」と併記することもある

グリスアップ　　　　グリスダウン

グリスアップ

ヘッド側のポジションからブリッジ側に向かって滑らせる

ヘッド側のポジションからボディ側に向かって、低音から高音へ滑らせるテクニックを**グリスアップ**という。上の譜面の例では、低い音のフレットから指をスライドさせて、最終的に7フレットを押さえる。弦をピッキングするのはグリッサンドを開始するときの音だけだ。

グリスダウン

ブリッジ側のポジションからヘッド側に向かって滑らせる

ボディ側のポジションからヘッド側に向かって、高音から低音へ滑らせるテクニックを**グリスダウン**という。上の譜面の例では、**7フレットの音**を鳴らしてから**グリスダウン**をして、程よいところで音を止める。

DVDでチェック！

グリッサンド
指の滑らせ方に注目

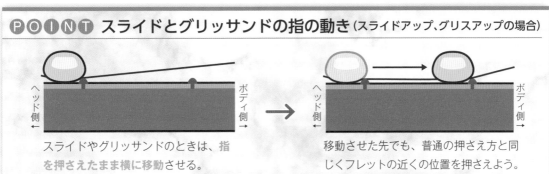

℗⓪ℹ🅝🅣 スライドとグリッサンドの指の動き（スライドアップ、グリスアップの場合）

スライドやグリッサンドのときは、**指を押さえたまま横に移動させる。**

移動させた先でも、普通の押さえ方と同じくフレットの近くの位置を押さえよう。

SONGS30 練習曲を演奏しよう！ **DVD 51,52**

マリーゴールド

難易度 ★★★☆☆

あいみょん　　作詞／あいみょん　作曲／あいみょん

譜面 ▷ 基本的には簡単なコードが多いが、オンコードやsus4などの注意すべきコードが少しあるので、そこだけ気をつけよう。

(IN) ▷ イントロのメロディはカポなしのTAB譜。コードで弾くときは、カッティングミュートの箇所だけ注意して弾けば後は簡単だ。

C サビ ▷ Aメロ、Bメロとストロークのパターンが少し違うが、実はイントロと同じ。コード進行だけ注意して、弾きこなそう。

テンポ ♩=106　　カポタスト **2フレット** （コードのみ）　　ピッキング **ピック**

(IN) ▷ A ▷ B ▷ C ▷ A ▷ B ▷ C ▷ D ▷ C ▷ (END)
メロ　メロ　サビ　メロ　メロ　サビ　メロ　サビ

 (イントロ) **DVD 52** でチェック！

A メロ
風の強さがちょっと
心を揺さぶりすぎて
真面目に見つめた
君が恋しい

でんぐり返しの日々
可哀想なふりをして
だらけてみたけど
希望の光は

B メロ
目の前でずっと輝いている
幸せだ

C サビ
麦わらの帽子の君が
揺れたマリーゴールドに似てる
あれは空がまだ青い夏のこと
懐かしいと笑えたあの日の恋

「もう離れないで」と
泣きそうな目で
見つめる君を
雲のような優しさで
そっとぎゅっと
抱きしめて 抱きしめて 離さない

A メロ
本当の気持ち全部
吐き出せるほど強くはない
でも不思議なくらいに
絶望は見えない

B メロ
目の奥にずっと写るシルエット
大好きさ

C サビ
柔らかな肌を寄せあい
少し冷たい空気を2人
かみしめて歩く今日という日に
何と名前をつけようかなんて話して

ああ アイラブユーの言葉じゃ
足りないからとキスして
雲がまだ2人の影を残すから
いつまでも いつまでも このまま

D メロ
遥か遠い場所にいても
繋がっていたいなあ
2人の想いが
同じでありますように

C サビ
麦わらの帽子の君が
揺れたマリーゴールドに似てる
あれは空がまだ青い夏のこと
懐かしいと笑えたあの日の恋

「もう離れないで」と
泣きそうな目で見つめる君を
雲のような優しさで
そっとぎゅっと
抱きしめて 離さない

ああ アイラブユーの言葉じゃ
足りないからとキスして
雲がまだ2人の影を残すから
いつまでも いつまでも このまま

離さない
いつまでも いつまでも 離さない

(END)

SONGS30

マリーゴールド（イントロ・メロディ）

あいみょん

作詞／あいみょん　作曲／あいみょん

DVD 51

POINT
はじめの目安がわからなければ5フレットあたりからグリスアップしよう

POINT
7フレットで弦を弾いたらすばやく9フレットへ指をスライドさせる

※イントロのメロディはカポをつけてない場合のフレット数を書いている。カポをつけてイントロを弾いた後に、Aメロへそのまま続けて弾く場合には、書かれているフレットから2フレット分低い位置を弾こう。（例えば最初のグリスアップは5フレットを弾く）

SONGS30

マリーゴールド（コード）

あいみょん

作詞／あいみょん　作曲／あいみょん

DVD 52

カポタスト　**2フレット**

POINT
カッティングミュートで弾く

C　　　　　GonB　　　　　Am7　　　　　G

A
メロ

かぜのつよさがちょっと　　こころ　をゆさぶりすぎて

弱めに弾いてよい

POINT
ConEのコードは6弦のEを開放
弦で鳴らす。Eを意識して弾く

F　　　　　ConE　　　　　F　　　　　G

まじめにみつめたきみがこいしい

C　　　　　GonB　　　　　Am7　　　　　G

でんぐりがえしのひび　かわ　いそうなふりをして

F　　　　　ConE　　　　　F　　　　　Gsus4　　G

だらけてみたけどきぼうのひかりは

Am7　　　　　Em7　　　　　F　　　　　G

B
メロ

めのまえでずっと　かがやいているし　　あわせだ　　むぎわらの

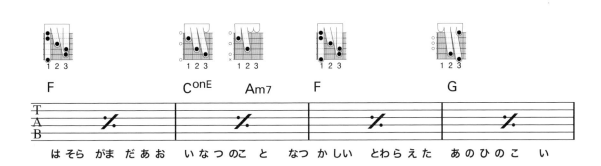

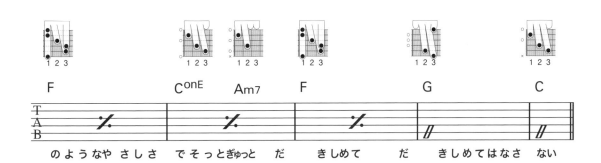

LESSON 26 伴奏とメロディの両方を弾こう！

ソロギターに挑戦してみよう

伴奏とメロディをギター1本で演奏するのがソロギターだ。これまでに練習してきたフィンガーピッキングのテクニックを使って曲を1人で弾いてみよう！

ソロギターのポイント

ベース音を弾きながらメロディを弾く

ソロギターでは伴奏とメロディを同時にやっていく。メロディと一緒にベース音を弾くとき、親指で押弦しながら弾くことがある。ベース音はコードの一番低い音を弾く。

ベース音は、基本的にコードが変わるまで指を離さないようにしよう。

親指で押弦はこのように親指を曲げる

SONGS 31

DVD 53

ハッピーバースデー

テンポ ♩=65　　ピッキング 指

4分の3拍子のリズムを意識しながら弾こう。ベース音は、コードが変わるまで指を離さないようにしよう。

POINT
4分の3拍子。1小節に4分音符が3つあるリズム

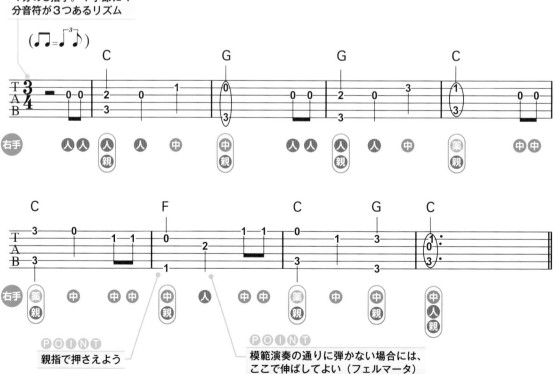

POINT
親指で押さえよう

POINT
模範演奏の通りに弾かない場合には、ここで伸ばしてよい（フェルマータ）

弾く指の例　右手　親=親指　人=人差し指　中=中指　薬=薬指

ハーモニクス奏法を覚えよう

ハーモニクスは「ポーン」と高い音が響く

　ギターのハーモニクス奏法は、特定の位置に指を置いて、「ポーン」というきれいな高音を鳴らす弾き方のこと。ここでは、ハーモニクスの鳴らし方を説明する。

　ハーモニクスを鳴らすポイントは、フレットの真上に指を置くこと（下の写真のようにミュートの感覚で弦に軽く触れるくらい）、もうひとつは弦を弾いたらすぐに指を弦から離すこと。そうすると、澄んだ「ポーン」というハーモニクスの音が鳴るはずだ。

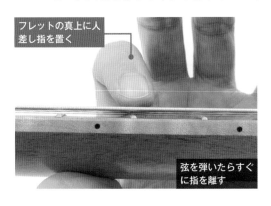

フレットの真上に人差し指を置く

弦を弾いたらすぐに指を離す

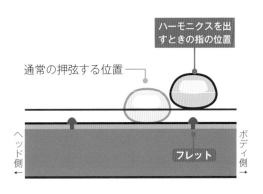

ハーモニクスを出すときの指の位置

通常の押弦する位置

ヘッド側　←

フレット

ボディ側　→

ハーモニクス・ポイント

●＝鳴らしやすいハーモニクス・ポイント。まずはこれらのフレットで練習しよう。
●＝鳴らすのが難しいハーモニクス・ポイント。

　ハーモニクス・ポイントとは、ハーモニクス音を出せる位置のことだ。このポイントはすべての弦に共通しているので、慣れてきたら覚えよう。

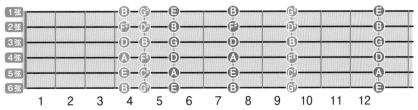

（3フレットは、3フレットよりややブリッジ側あたりがハーモニクス・ポイント）

ⓅⓄⒾⓃⓉ 練習曲Ex ハーモニクス練習フレーズ「学校のチャイム」

DVD 54

 テンポ ♩=76　　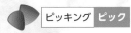 ピッキング ピック

ⓅⓄⒾⓃⓉ
ひし形の中に数字がハーモニクスの記号

　ハーモニクスで学校のチャイムのメロディを弾いてみよう。ハーモニクスがうまく鳴らない場合には、フレットの真上で弦に触れる力を軽くしてみよう。

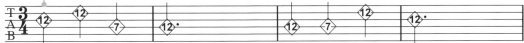

夜空ノムコウ

SMAP

作詞／スガシカオ　作曲／川村結花

 テンポ ♩=95　 ピッキング 指

曲のメロディに加え、アルペジオのフレーズが入ってくる。この曲のコードダイアグラムはコードで弾く場合の表記なので、TAB譜を見て、どのような運指で弾くかイメージしよう。左手の運指は、模範演奏のDVDも見て参考にしてみよう。

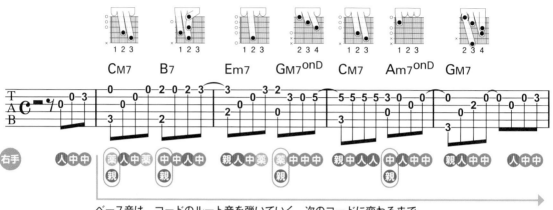

CM7　B7　Em7　GM7onD　CM7　Am7onD　GM7

ベース音は、コードのルート音を弾いていく。次のコードに変わるまでベース音を押さえる指は離さない

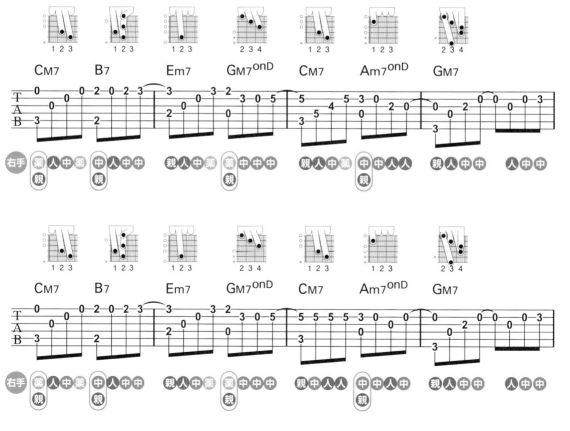

CM7　B7　Em7　GM7onD　CM7　Am7onD　GM7

CM7　B7　Em7　GM7onD　CM7　Am7onD　GM7

弾く指の例　右手　親＝親指　人＝人差し指　中＝中指　薬＝薬指

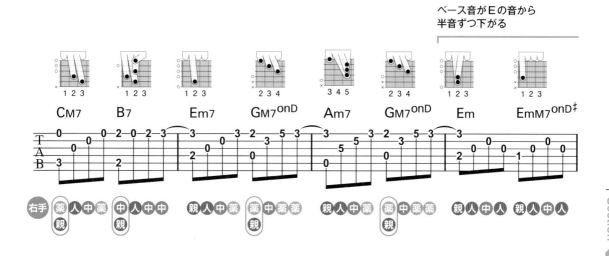

ベース音がEの音から
半音ずつ下がる

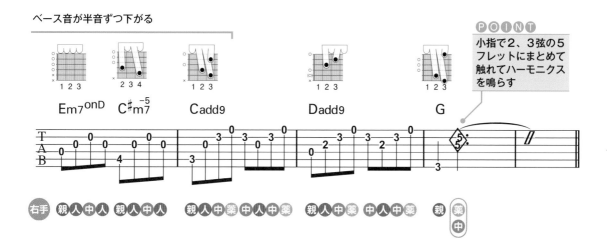

ベース音が半音ずつ下がる

POINT
小指で2、3弦の5
フレットにまとめて
触れてハーモニクス
を鳴らす

※ソロギターで弾きやすいように、元の曲より1音高い譜面にしている。

マメ知識 ▶ 『夜空ノムコウ』は、スガシカオ氏が締切の日に一気に歌詞（→187ページ）を書き上げたというのは有名なエピソード。

弾き語りを練習してみよう

❶まずはギターをスムーズに弾けるようになろう

弾き語りは、歌いながら伴奏する、実はかなり難しいテクニック。弾き語りの練習をするときは、はじめから歌と伴奏を同時に練習しようとしなくてもよい。

同時に練習しようとすると、ギターにつられて歌が止まったり、右手のリズムがよれてしまう。まずは、ストロークやコードチェンジをスムーズにつっかえず弾けるまで、練習しよう。

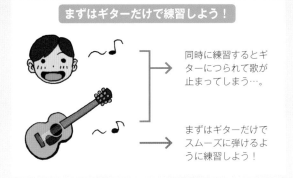

まずはギターだけで練習しよう！

同時に練習するとギターにつられて歌が止まってしまう…。

まずはギターだけでスムーズに弾けるように練習しよう！

❷歌だけをスムーズに歌えるようにしよう

ギターの演奏がスムーズに弾けるようになったら、次は歌だけを練習しよう。歌詞は暗記するくらいがよい。

息つぎをする箇所も意識しながら、練習してみよう。

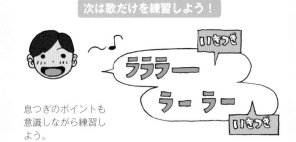

次は歌だけを練習しよう！

いきつぎ

ラララー

ラー ラー

いきつぎ

息つぎのポイントも意識しながら練習しよう。

❸難しいところは右手のリズムを変えてみよう

伴奏と歌がそれぞれスムーズに弾けるようになったら、両方同時に練習してみよう。

リズムがブレないように、右手のストロークを振り続けることも大事だ。

ストロークやアルペジオなど、右手で弾くリズムは、譜面や元の曲にこだわらず、やりやすいように変えてみてもよい。楽しく演奏するのが一番だ！

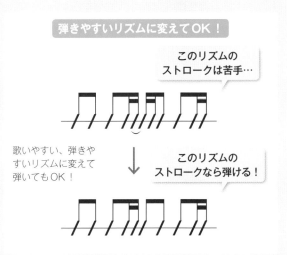

弾きやすいリズムに変えてOK！

このリズムのストロークは苦手…

歌いやすい、弾きやすいリズムに変えて弾いてもOK！

このリズムのストロークなら弾ける！

アコギをもっと楽しもう

この章では、『栄光の架橋』、『なごり雪』をそ
れぞれ1曲通して弾いてみよう。今まで練習し
てきたテクニックの総集編のつもりで挑戦だ！
章の後半には、アコギをアンプにつなげるやり
方や、この本に掲載した曲の全歌詞とコードを
まとめた。

栄光の架橋

難易度 ★★★★☆

ゆず

作詞／北川悠仁　作曲／北川悠仁

| 譜面 | ▷ | 譜面が長めで、ダル・セーニョやコーダがあるので、曲の進行をしっかりと確認しておこう。 |

| A メロ | ▷ | Aメロをアルペジオで弾いたり、コードストロークで弾いたりするので、曲の後半に進むに連れて盛り上げるように、意識して弾こう。 |

| C サビ | ▷ | 最後のサビはキメのフレーズがあり、盛り上がるところ。コード進行やリズムも少し変わるので、あらかじめ練習しておこう。 |

テンポ ♩=82　　カポタスト 4フレット　　ピッキング 指＆ピック

IN ▷ A メロ ▷ B メロ ▷ C サビ ▷ A メロ ▷ B メロ ▷ C サビ ▷ A メロ ▷ C サビ ▷ END

DVD56 でチェック！

IN（イントロ）

A メロ
誰にも見せない泪があった
人知れず流した泪があった
決して平らな道ではなかった
けれど確かに歩んで来た道だ

B メロ
あの時想い描いた
夢の途中に今も
何度も何度も
あきらめかけた夢の途中

C サビ
いくつもの日々を越えて
辿り着いた今がある
だからもう
迷わずに進めばいい
栄光の架橋へと…

A メロ
悔しくて眠れなかった夜があった
恐くて震えていた夜があった

B メロ
もう駄目だと全てが嫌になって
逃げ出そうとした時も
想い出せばこうしてたくさんの
支えの中で歩いて来た

C サビ
悲しみや苦しみの先に
それぞれの光がある
さあ行こう
振り返らず走り出せばいい
希望に満ちた空へ…

A メロ
誰にも見せない泪があった
人知れず流した泪があった

C サビ
いくつもの日々を越えて
辿り着いた今がある
だからもう
迷わずに進めばいい
栄光の架橋へと
終わらないその旅へと
君の心へ続く架橋へと…

END

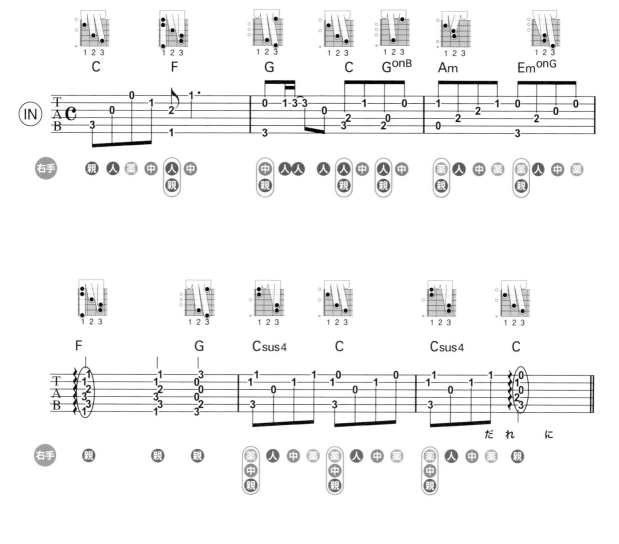

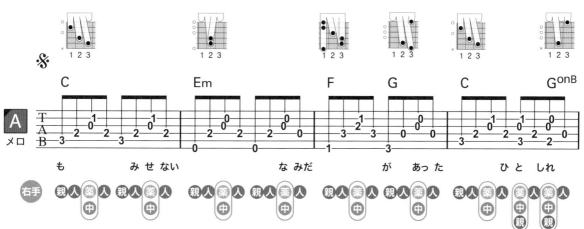

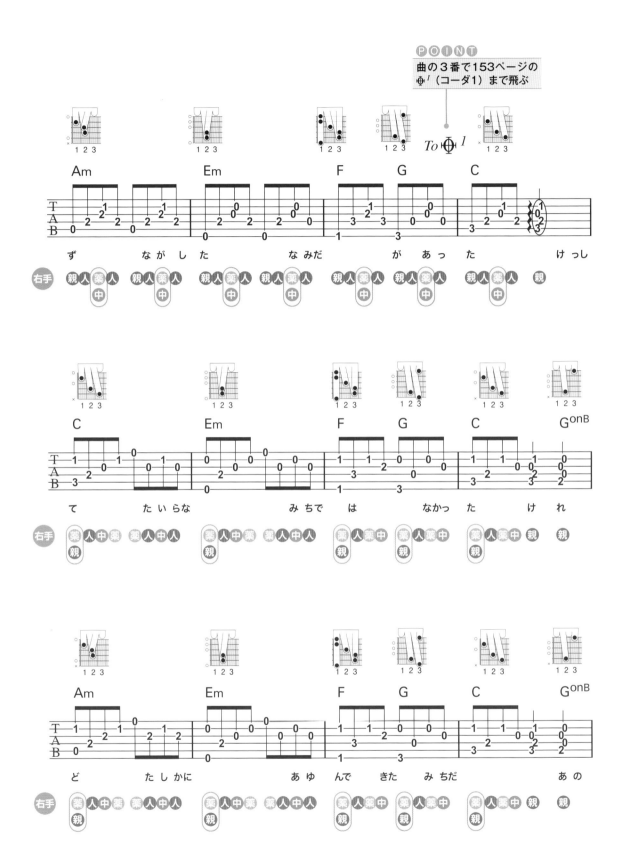

曲の3番で153ページの⊕¹（コーダ1）まで飛ぶ

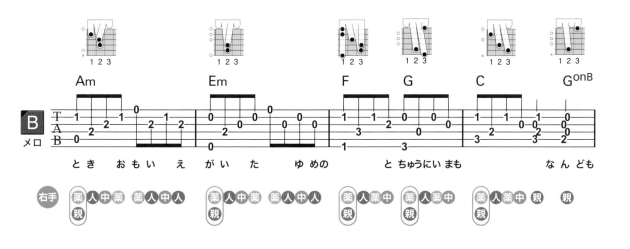

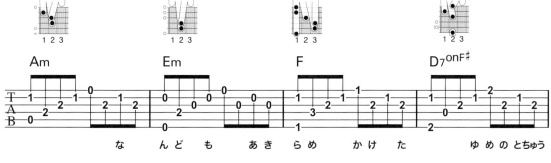

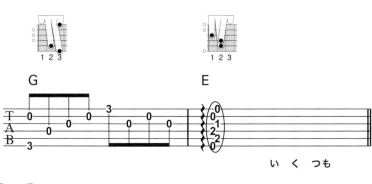

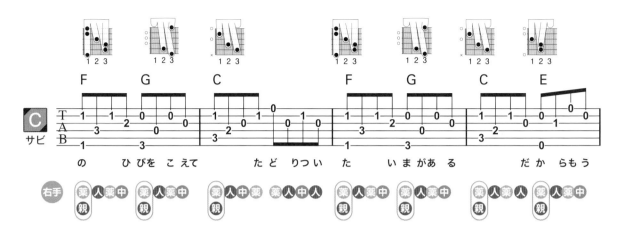

サビ

の　　　ひ　びを　こえて　　たど　りつい　た　　いまがある　　だか　らもう

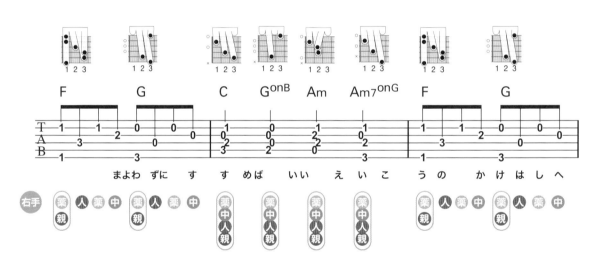

まよわ　ずに　す　すめば　いい　えいこ　う　の　かけはし　へ

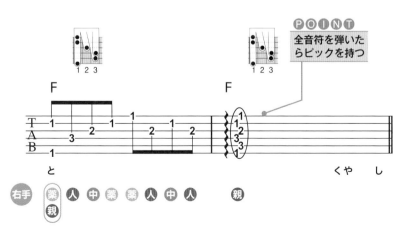

POINT
全音符を弾いた
らピックを持つ

と　　　　　　　　　　　　く　や　し

やの　　くるしみのさきに　　　それ　ぞれ　　の　ひかりがある　　　さあ　いこう
の　　　ひびを　こえて　　　たど　りつい　た　いまがある　　　だか　らもう

ふりかえらず　はしり　だせば　いい　きぼう　に　　みちたそら　へ
まよわずに　す　すめば　いい　えいこ　うの　かけはしへ

かな　　しみ

曲の3番では153ページの
⊕²（コーダ2）まで飛ぶ

クレッシェンドの記号。
だんだん強く弾く

間奏では1〜4拍目のオモテにアクセントを意識して弾く

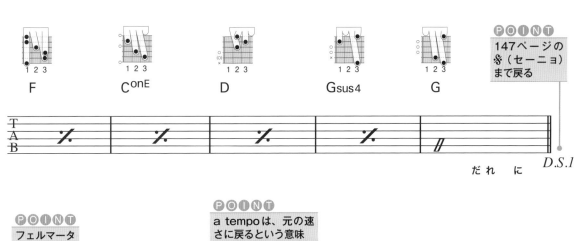

POINT
147ページの
𝄋（セーニョ）
まで戻る

だ　れ　に

D.S.1

POINT
フェルマータ

POINT
a tempoは、元の速
さに戻るという意味

POINT
152ページの𝄋²（セー
ニョ2）まで戻る

た

右手　親
POINT
音を伸ばしている間に
ピックを持つ

POINT
1弦からたっぷりジャラー
ンとEのコードを弾く

い　く　つ　も

D.S.2

と　　　おわら　ない　そのたびへと　　　　　きみ

の　　こころへ　　つづく　　かけはしへ　と

なごり雪

 難易度 ★★★★☆

秦基博

作詞／伊勢正三　作曲／伊勢正三

| 譜面 ▷ | ダル・セーニョやコーダなどの記号が出てくるので、まずは譜面の読み方を確認しておこう。曲を聞きながら譜面を見ると覚えやすい。 |

A メロ ▷ アルペジオのフレーズを練習する前に、シンプルなストロークでコード進行を確認するとよい。コードに慣れたらアルペジオに挑戦しよう。

C サビ ▷ サビの最後に「ラスゲアード」という奏法が登場するが、難しい場合は普通のストロークで弾いてもよい。

 テンポ ♩=72　 カポタスト **1フレット**　 ピッキング **指**

(IN) ▷ A メロ ▷ B メロ ▷ C サビ ▷ A メロ ▷ B メロ ▷ C サビ ▷ B メロ ▷ C サビ ▷ END

DVD57 でチェック！

(IN) （イントロ）

A メロ
汽車を待つ君の横で僕は
時計を気にしてる
季節はずれの雪が降ってる
東京で見る雪はこれが最後ねと
さみしそうに君はつぶやく

B メロ
なごり雪も降るときを知り
ふざけすぎた季節のあとで

C サビ
今 春が来て君はきれいになった
去年よりずっときれいになった

A メロ
動き始めた汽車の窓に
顔をつけて
君は何か言おうとしている
君のくちびるがさようならと動くことが
こわくて下をむいてた

B メロ
時がゆけば幼い君も
大人になると気づかないまま

C サビ
今 春が来て君はきれいになった
去年よりずっときれいになった

B メロ
君が去ったホームにのこり
落ちてはとける雪を見ていた

C サビ
今 春が来て君はきれいになった
去年よりずっときれいになった
去年よりずっときれいになった
去年よりずっときれいになった

END

　マメ知識 ▷ 『なごり雪』は1970年代に活躍したフォークバンド、かぐや姫の楽曲。歌手のイルカによるカヴァー曲が大ヒットした。

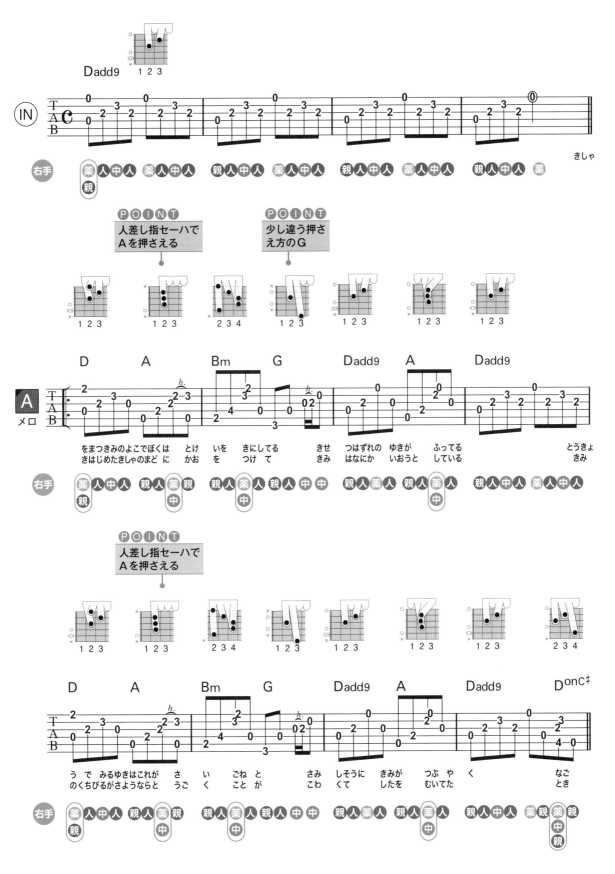

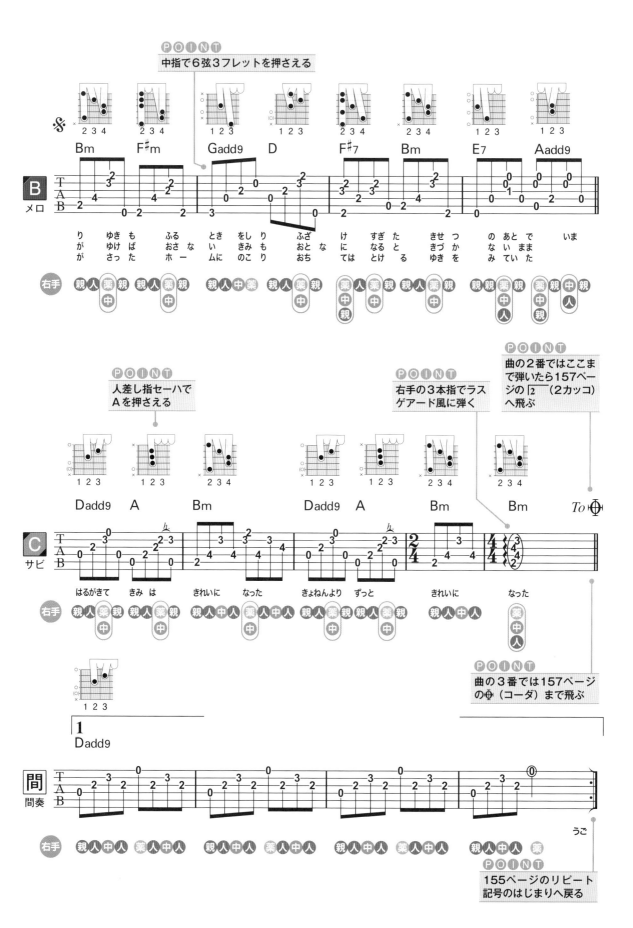

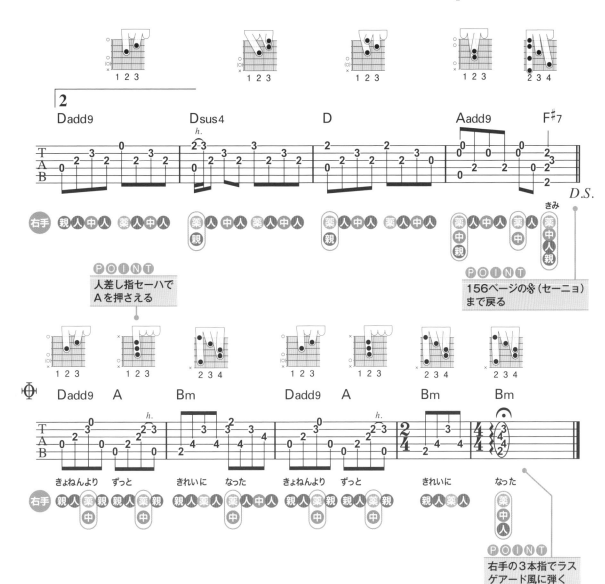

ⓅⓄⒾⓃⓉ ラスゲアード風に弾いてみよう

ラスゲアードとは、スパニッシュギターのテクニック。アコギの奏者は、親指でジャラーンと弾くかわりに、ラスゲアード風に指を弦に1本ずつ当てて弾くことがあり、『なごり雪』の模範演奏でもサビの終わりに弾いている箇所がある。

薬指、中指、人差し指の順番で、「タララーン」と軽快に弦を鳴らしてみよう。爪でストロークするイメージだ。

難しければ、親指でジャラーンと弾いてもよい。

薬指、　　　　中指、　　　　人指し指の順に弾く。

アコギのいろいろな楽しみ方

アコギはそのままの生音でも楽しい楽器だが、アンプにつなげて大きな音も出せる。ここでは演奏テクニック以外におけるアコギの楽しみ方を紹介する。

アコギをアンプにつないでみよう

どうやってアコギをアンプにつなげるの？

　アンプとは、音を増幅するための機材。バンドでアコギを弾いたり、ライブをしたりするなら、アンプにはつなげたい。アンプにつなげるためには、「ピックアップ」と「シールド」が必要になる。

　ピックアップとは、弦の振動を電気信号に変える装置のこと。シールドは、シールドケーブルを略した呼び方で、ギターとアンプをつなげるケーブルのことだ。アコギは通常はピックアップがついておらず、エレアコならば最初からピックアップがついているので、アンプとの接続は簡単だ。

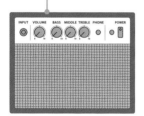

アンプ INPUTと書いてあるところにシールドの端子を入れる。アコギ向けのアンプもある。

シールド 3メートルくらいの長さのものが扱いやすい。

端子

エレアコ エレアコのボディ側面には音量や音色を調整するツマミがある。

ボディ側面に、シールドを接続する「**アウトプットジャック**」がある。エンドピンと兼用のものが多い。

ピックアップは後から取りつけることができる

　ピックアップがないアコギも、後からピックアップをつけることができる。ピックアップは、大きく分けると磁石が弦の振動を電気信号に変える「マグネットタイプ」、ピエゾ素子で弦の振動を電気信号に変える「ピエゾタイプ」がある。

　取りつけるためには、楽器本体にアウトプットジャックを通す穴を開ける必要があるので、楽器店の工房など、必ずプロに依頼しよう。

　楽器本体に穴を開けなくてもよいタイプのピックアップもあるが、サウンドホールからケーブルが垂れ下がるような状態になるので、好みや演奏スタイルを考えて、楽器店の店員と相談しながら選ぶとよい。

ピックアップを取りつけた状態

サウンドホールに取りつけるタイプのピックアップ。ブリッジの裏側に取りつけるタイプもある。

マメ知識 ▶ ピックアップにはマグネットタイプとピエゾタイプの両方を備えたデュアルタイプのピックアップもある。

アンプにつなげるときは
ボリュームは必ずゼロに！

ギターとアンプをつなげるときは、下の手順をしっかり守ろう。アンプの電源をオン・オフするときと、シールドの抜き差しをするときは必ずアンプのボリュームはゼロにすると覚えておこう。

シールドをアコギのアウトプットジャックにしっかりと差し込む。

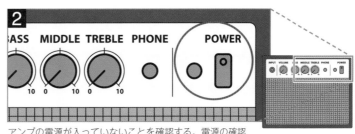

アンプの電源が入っていないことを確認する。電源の確認の仕方は説明書をよく読んで確認しておこう。

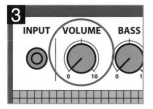

アンプのボリュームが「0」になっていることを確認する。

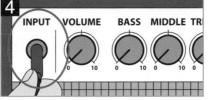

シールドをアンプの「INPUT」の奥まで差し込む。

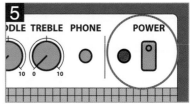

アンプの電源を入れる。

アンプのつまみの
役割を知ろう！

アンプのたくさんのつまみでは、音色を変化させることができる。それぞれのつまみがどんな役割を持っているか、下の図で確認しよう。

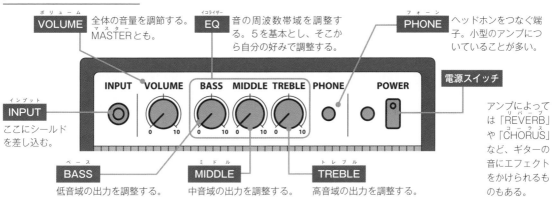

VOLUME ボリューム
全体の音量を調節する。MASTERとも。マスター

EQ イコライザー
音の周波数帯域を調整する。5を基本とし、そこから自分の好みで調整する。

PHONE フォーン
ヘッドホンをつなぐ端子。小型のアンプについていることが多い。

INPUT インプット
ここにシールドを差し込む。

電源スイッチ

アンプによっては「REVERB」や「CHORUS」など、ギターの音にエフェクトをかけられるものもある。リバーブ コーラス

BASS ベース
低音域の出力を調整する。

MIDDLE ミドル
中音域の出力を調整する。

TREBLE トレブル
高音域の出力を調整する。

ⓅⓄⒾⓃⓉ
プリアンプを使ってみよう

プリアンプという機材を使うと、ピックアップからの電気信号を安定させ、イコライザーという機能で高音域～低音域の音色を調節することができる。また、プリアンプはハウリングを防止する効果も期待できる。ハウリングは「キーン」という高音のノイズで、ハウリングが起こる音域をイコライザーで調節するとハウリングを起こりにくくできる。アコギのように、楽器が空洞で響く楽器はハウリングを起こしやすいので、アンプを使いたい人にはオススメの機材だ。

プリアンプ。ギターと「INPUT」をつなぎ、「OUTPUT」とアンプをつなぐのでシールドが2本必要になる。

サウンドホールを塞いでハウリングを防止する道具もある。

マメ知識 ▶ ハウリングは、アンプからの音をピックアップが拾い、その音をアンプがさらに大きな音で出す無限ループによって発生する。

大きな音で弾いてみよう

スタジオでまわりを気にせず大きな音で弾いてみよう

　自宅でアコギを弾くとき、近隣への迷惑にならないように大きな音が出せない住環境の人もいるだろう。そのような場合、「リハーサルスタジオ」を利用するとよい。

　大きな音で演奏することは技術の上達につながるので、たまには自宅以外の環境でも練習してみよう。一般的なリハーサルスタジオには、壁に鏡があるので自分がアコギを弾くときの姿もチェックできる。慣れないうちは恥ずかしいかもしれないが、自分がどのように楽器を弾いているのか客観的に見るのも上達には大事だ。

　また、アコギの練習にカラオケ店を利用する人もいる。カラオケ店によっては、楽器演奏がNGの店もあるので、事前に確認しておこう。

　ここでは、スタジオを予約する一般的な流れを紹介する。

スタジオを借りるときの流れ

1 近くのスタジオを探す

　インターネットで「リハーサルスタジオ」と検索して、家から近いスタジオや利用料金が安いスタジオなど、自分に合う条件で探そう。

2 スタジオの設備を確認する

　スタジオのウェブサイトでは設備を確認できるはず。スタジオには複数の部屋があって、その中から利用したい部屋を選ぶのが一般的。レンタルしたい機材があるか、各部屋の設備を確認しよう。

3 スタジオを予約する

　スタジオのウェブサイトや電話で、空いている日を確認して予約する。会員にならないと利用できないスタジオもあるので、身分証明書を持って行くこと。1〜2人で利用する場合は個人練習としてやや安く利用できるが、個人練習の予約受付は、ほとんどのスタジオで利用前日〜当日にならないとできないので注意。

　予約をするときに伝えること（一例）
- 予約したい日時
- 利用したい部屋
- 利用時間
- 追加でレンタルしたい機材
- 利用する人数
- 会員番号や自分の連絡先

4 スタジオで練習する

　練習する当日は、遅れないようにスタジオに行こう。アンプのセッティングや設備の使い方など、わからないことがあれば必ず店員に聞こう。使い方がわからないままだと、機材を壊してしまうことがある。

POINT
立って弾くならストラップロックでストラップを固定してみよう

　ストラップをピンにしっかり固定する「ストラップロック」というアイテムがあれば、演奏中にいきなりストラップがはずれてギターを傷つけることもない。エレキギターを弾く人によく使われているが、アコギではストラップをはずしやすいように使わない人もいる。ストラップをつけて激しいギターパフォーマンスをしたい人は、大事なギターを落として傷つけないために使うのもよいだろう。

ストラップをピンに取りつけ、その上にストラップロックをはめて固定する。

ストラップピンごと交換するタイプ。ネジでボディに固定する。

エンドピンがジャックと兼用になっているタイプのエレアコは、通常のエンドピンよりも直径が大きいので、エレアコ専用のストラップロックを使うとよい。

マメ知識 ▶ スタジオの利用時間は、はじめは1〜2時間程度がよい。終了時間の10〜15分前には片付けを始めて時間通りに退出できるようにしよう。

演奏を録音してインターネットで発信しよう

演奏を録音してみよう

もっとも簡単な録音の方法はスマートフォンやデジタルカメラを使うやり方だ。録音機能のあるアプリを使ったり、録画機能を利用したりすれば、それだけで演奏が録音できる。

録音をするときは、音のバランスが悪くなったり、音が割れてしまったりしないように、不安定な場所には置かずにスタンドを使って録音するとよい。

録音機器に興味がある人は、録音に特化した機材の「**デジタルオーディオレコーダー**」、ギターとパソコンの間につないで録音することができる「**オーディオインターフェイス**」という機器もよい。また、スマートフォンやタブレットにギターをつないで気軽に録音ができるオーディオインターフェイスもある。これらは楽器店や家電量販店にあるので見てみよう。

スマートフォンでも使える三脚を利用すると、安定して撮れる。

Roland High Resolution Audio Recorder R-07(BK)

デジタルオーディオレコーダー。気軽に高音質で録音できる。

動画をアップロードしてみよう

近年は自分で演奏した曲を気軽に動画投稿サイトで発信できるようになってきた。アップロードをしたい場合、オリジナルの楽曲ならば問題ないが、他人に著作権がある曲を演奏したものは投稿する前に要注意。

日本の楽曲の著作権は、主にJASRACやNexToneなどの著作権管理団体が管理している。お店のBGMやカラオケ、ライブハウスなど、営利目的で音楽を使用する場合は、団体を通してアーティストに著作権料を払わなければならない決まりがある。

しかし、一部の動画投稿サイトやブログサービスは、サイトを運営する会社が著作権料を団体に支払っている。その場合は、個人から著作権料を支払う必要がないケースもあるので、詳しくは各団体やサイト運営会社のウェブサイトを見て確認しよう。

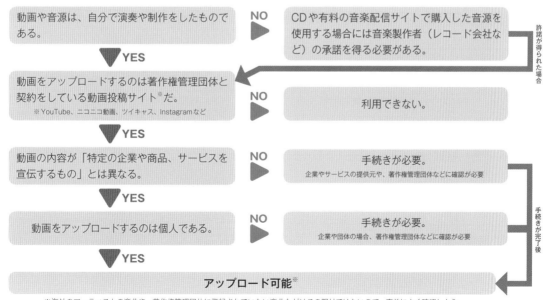

動画や音源は、自分で演奏や制作をしたものである。 → **NO** → CDや有料の音楽配信サイトで購入した音源を使用する場合には音楽製作者（レコード会社など）の承諾を得る必要がある。

YES ↓

動画をアップロードするのは著作権管理団体と契約をしている動画投稿サイト※だ。
※YouTube、ニコニコ動画、ツイキャス、Instagramなど
→ **NO** → 利用できない。

YES ↓

動画の内容が「特定の企業や商品、サービスを宣伝するもの」とは異なる。 → **NO** → 手続きが必要。
企業やサービスの提供元や、著作権管理団体などに確認が必要

YES ↓

動画をアップロードするのは個人である。 → **NO** → 手続きが必要。
企業や団体の場合、著作権管理団体などに確認が必要

YES ↓

アップロード可能※

（右側：許諾が得られた場合 / 手続きが完了後）

※海外のアーティストの楽曲や、著作権管理団体に登録されていない楽曲などはこの限りではないので、事前によく確認しよう。

Section **6** アコギをもっと楽しもう

（50ページ掲載）

桜坂

福山雅治

作詞／福山雅治　作曲／福山雅治

テンポ ♩＝104

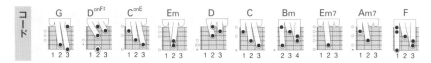

| G | D^onF♯ | C^onE | Em | D | C | Bm | Em7 | Am7 | F |

1 2 3　1 2 3　1 2 3　1 2 3　1 2 3　1 2 3　1 2 3　1 2 3　1 2 3　1 2 3

IN（イントロ）
|G D^onF♯ |C^onE |G D^onF♯ |Em ｜ ×2

A サビ
```
         |G              |D^onF♯
君よずっと幸せに
         |Em             |D
風にそっと歌うよ
              |C    |D        |G |  |
Woo Yeah 愛は今も 愛のままで
```

B メロ
```
G        |D^onF♯ |C^onE |D^onF♯ |G
揺れる木漏れ日 薫る桜坂
         |D^onF♯ |C^onE |D^onF♯
悲しみに似た 薄紅色
```

C メロ
```
|Em|Bm |C       |G
君がいた 恋をしていた
|Em7 |Bm        |Am7 |Am7
君じゃなきゃダメなのに
         |D      |D
ひとつになれず
```

A サビ
```
         |G              |D^onF♯
愛と知っていたのに
         |Em             |D
春はやってくるのに
              |C    |D        |G |  |
Woo Yeah 夢は今も 夢のままで
```

B メロ
```
G        |D^onF♯ |C^onE |D^onF♯ |G
頬にくちづけ 染まる桜坂
         |D^onF♯ |C^onE |D^onF♯
抱きしめたい気持ちで いっぱいだった
```

C メロ
```
|Em|Bm |C       |G
この街で ずっとふたりで
|Em    |Bm      |Am7 |Am7
無邪気すぎた約束
         |D      |D
涙に変わる
```

A サビ
```
         |G              |D^onF♯
愛と知っていたのに
         |Em             |D
花はそっと咲くのに
              |C    |D        |G |  |
Woo Yeah 君は今も 君のままで
```

D メロ
```
F |C^onE  |G |G
逢えないけど
         |F   |C^onE |D  |D
季節は変わるけど 愛しき人
|G |D^onF♯ |Em |D |C |D |G |G
```

C メロ
```
|Em|Bm |C       |G
君だけが わかってくれた
|Em|Bm         |Am7 |Am7
憧れを追いかけて
         |D   |D   |D
僕は生きるよ
```

A サビ
```
         |G              |D^onF♯
愛と知っていたのに
         |Em             |D
春はやってくるのに
              |C    |D
Woo Yeah 夢は今も 夢のままで
         |G              |D^onF♯
君よずっと幸せに
         |Em             |D
風にそっと歌うよ
              |C    |D        |G |G
Woo Yeah 愛は今も 愛のままで
```

```
|G |C |G |Em

|G |C |G |Em

|C D |D |C D |D

|C D |D |G
```

※「｜」は小節の区切りをあらわす。

掲載曲　ギター歌本

Section2から5までに掲載した練習曲は、テクニックを練習しやすいようにフレーズを抜き出して掲載している。曲全体を弾いてみたい人のために全体の歌詞とコードをまとめた。弾き語りやコード練習に役立てよう！

SONGS04

日曜日よりの使者
THE HIGH-LOWS

作詞／甲本ヒロト　作曲／甲本ヒロト

 テンポ ♩＝120

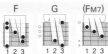
C　　F　　G　　(FM7)
1 2 3　1 2 3　1 2 3　1 2 3

※Fで弾くのが難しい場合、FM7で押さえてもOK！

```
      |C          |F    |C
A  このまま どこか遠く 連れてってくれないか
      |C     |G      |C
サビ 君は 君こそは 日曜日よりの使者


      |C  |C F |G |C |C |F G|C
   シャラララ…


      |C          |F  |G
   このまま どこか遠く 連れてってくれないか
      |C    |F  G  |C
   君は 君こそは 日曜日よりの使者


      |C          |F    |G
   たとえば 世界中が どしゃ降りの雨だろうと
      |C     |F  G   |C
   ゲラゲラ 笑える 日曜日よりの使者


      |C  |C F |G |C |C |F G|C
   シャラララ…


      |C        |F    |G
   きのうの夜に飲んだ グラスに飛び込んで
      |C    |F  G  |C
   浮き輪を浮かべた 日曜日よりの使者


      |C        |F  |G
   適当な嘘をついて その場を切り抜けて
      |C    |F  G  |C
   誰一人 傷つけない 日曜日よりの使者


      |F G|C  |F  G |C
B  流れ星が たどり着いたのは
      |F  G |C |F G|C
メロ 悲しみが沈む 西の空
```

```
      |C  |F      |G
A  そして東から昇ってくるものを
      |C      |F  G  |C
サビ 迎えに行くんだろ 日曜日よりの使者


   |C  |C |F |G |C |C |F |G

   |C  |C |F |G |C |C |F G|C


      |C        |F    |G
   このまま どこか遠く 連れてってくれないか
      |C    |F  G  |C
   君は 君こそは 日曜日よりの使者


      |C        |F    |G
   たとえばこの街が 僕を欲しがっても
      |C    |F  G  |C
   今すぐ出かけよう 日曜日よりの使者


      |F G|C  |F  G |C
B  流れ星が たどり着いたのは
      |F  G |C |F G|C
メロ 悲しみが沈む 西の空


      |C  |F      |G
A  そして 東から昇ってくるものを
      |C      |F  G  |C
サビ 迎えに行くんだろ 日曜日よりの使者


      |C  |C F |G |C |C |F G|C
   シャラララ…


   |C  |C |F |G |C |C |F G|C

   |C  |C |F |G |C |C |F |G|C

   |C  |C |F |G |C |C |F G|C

   |C  |C |F |G |C |C |F G|C
```

Section
6
アコギをもっと楽しもう

(53ページ掲載)

今宵の月のように

エレファントカシマシ

作詞／宮本浩次　作曲／宮本浩次

 テンポ ♩=115

コード

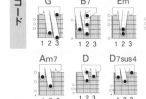

G　B7　Em　G7　C　D7　A7　Gsus4　Fsus4　F　GM7　E7　Am　AmM7

Am7　D　D7sus4

A サビ
```
|G            |B7
くだらねえとつぶやいて
|Em           |G7
醒めたつらして歩く
|C      D7 |B7    Em
いつの日か輝くだろう
 |A7          |D7
あふれる熱い涙
|G            |B7
いつまでも続くのか
|Em           |G7
吐きすてて寝転んだ
|C      D7 |B7    Em
俺もまた輝くだろう
 |A7    D7
今宵の月のように
|Gsus4 G |Fsus4 F |Gsus4 G |Fsus4 F
Uh… Ah… Ah…
|Gsus4 G |Fsus4 F |Gsus4 G |Fsus4
```

B メロ
```
|G      |GM7  |G7      |E7     |Am
夕暮れ過ぎて きらめく町の灯りは
        |AmM7 |Am7   |D7
悲しい色に　染まって揺れた
|G      |GM7  |G7      |E7     |Am
君がいつかくれた 思い出のかけら集めて
        |AmM7 |Am7   |D7    |B7
真夏の夜空 ひとり見上げた
```

C メロ
```
|Em |A7 |D    |B7
新しい季節の始まりは
 |Em |A7 |D7   |D7sus4 D7
夏の風 町に吹くのさ
```

A サビ
```
 |G            |B7
今日もまたどこへ行く
|Em           |G7
愛を探しに行こう
 |C      D7 |B7    Em
いつの日か輝くだろう
 |A7          |D7
あふれる熱い涙
|Gsus4 G |Fsus4 F |Gsus4 G |Fsus4 F
Ah… Ah… Oh yeah
|Gsus4 G |Fsus4 F |Gsus4 G |Fsus4
```

B メロ
```
|G      |GM7  |G7      |E7
ポケットに手を つっこんで歩く
        |Am  |AmM7 |Am7    |D7
いつかの電車に乗って いつかの町まで
|G      |GM7  |G7      |E7     |Am
君のおもかげ きらりと光る 夜空に
        |AmM7 |Am7 |D7   |B7
涙も出ない 声も聞こえない
```

C メロ
```
   |Em |A7 |D    |B7
もう二度と戻らない日々を
 |Em |A7 |D7   |D7sus4 D7
俺たちは走り続ける
```

A サビ
```
 |G            |B7
明日もまたどこへ行く
|Em           |G7
愛を探しに行こう
 |C      D7 |B7    Em
いつの日か輝くだろう
 |A7          |D7
あふれる熱い涙

 |G            |B7
明日もまたどこへ行く
|Em           |G7
愛を探しに行こう
 |C      D7 |B7    Em
見慣れてる町の空に
 |A7 D7 |G
輝く月一つ
 |C      D7 |B7    Em
いつの日か輝くだろう
 |A7    D7
今宵の月のように
|Gsus4 G |Fsus4 F |Gsus4 G |Fsus4 F
Uh… Ah… Ah…
|Gsus4 G |Fsus4 F |Gsus4 G |G
```

（55ページ掲載）

SONGS06

卒業写真

荒井由実

作詞／荒井由実　作曲／荒井由実

テンポ　♩＝68

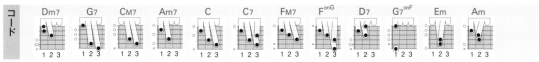

コード

| Dm7 | G7 | CM7 | Am7 | C | C7 | FM7 | FonG | D7 | G7onF | Em | Am |

$\left(\; \sharp \sharp = \overset{3}{\sharp \sharp} \; \right)$

(IN) （イントロ）
```
|Dm7 G7 |CM7 Am7
|Dm7 G7 |C C7
```

A メロ
```
    |FM7    FonG |CM7 |Am7 D7 |G7
悲しいことがあると　開く皮の表紙
    |Dm7 G7 |Am7    |Dm7 G7    |C    C7
卒業写真のあの人はやさしい目をしてる
```

```
    |FM7    FonG |CM7 |Am7  D7  |G7
町でみかけたとき　何も言えなかった
    |Dm7 G7 |Am7    |Dm7 G7   |C   C7
卒業写真の面影がそのままだったから
```

B サビ
```
    |FM7  G7onF |Em Am
人ごみに流されて
        |FM7 G7onF|Em Am
　変わってゆく私を
    |Dm7 G7 |C    Am|Dm7 G7   |C   C7
あなたはときどき　遠くでしかって
|FM7 G7 |CM7 |Am7 D7 |G7
```

```
    |Dm7 G7 |Am7   |Dm7 G7 |C    C7
```

A メロ
```
    |FM7    FonG |CM7  |Am7 D7 |G7
話しかけるようにゆれる柳の下を
    |Dm7 G7 |Am7    |Dm7 G7  |C     C7
通った道さえ今はもう電車から見るだけ
```

B サビ
```
    |FM7  G7onF |Em Am
あの頃の生き方を
        |FM7 G7onF |Em Am
あなたは忘れないで
    |Dm7 G7 |C  Am|Dm7 G7 |C   C7
あなたは　私の　青春そのもの
```

B サビ
```
    |FM7 G7onF |Em Am
人ごみに流されて
        |FM7 G7onF |Em Am
　変わってゆく私を
    |Dm7 G7 |C    Am|Dm7 G7   |C   Am
あなたはときどき　遠くでしかって
```

```
    |Dm7 G7 |C Am|Dm7 G7   |C   Am
あなたは　私の　青春そのもの
```

```
|Dm7  G7 |CM7  Am7
```

```
|Dm7 G7 |C
```

Section

6

アコギをもっと楽しもう

（60ページ掲載）

バンザイ〜好きでよかった〜

ウルフルズ　　　　　　　　　　　　　　　　　　　　　　作詞／トータス松本　作曲／トータス松本

テンポ ♩=93

コード

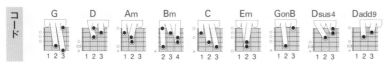

G　D　Am　Bm　C　Em　GonB　Dsus4　Dadd9

A サビ
|G　　D　　|Am
イェーイ 君を好きでよかった
　　　　　|Bm　　C　　|D
このまま ずっと ずっと 死ぬまでハッピー
　　　|G D　|Am
バンザイ 君に会えてよかった
　　　　　|Bm　Am　|C
このまま ずっと ずっと ラララふたりで
|G D|C G|G D|C G

B メロ
|G　　D　　|C　　G
つまらない事で君をこまらせて
|G　　D　　|C　　G
思い出す度 赤くなる
|G　　　D　　|C　　G
笑っちまうくらいに毎日は
　　|Em C　　|C　　　　G
ただもう過ぎてく あっという間に
|G　　　D　　|C　　G
スゲェスゲェ幸せな気分の時は
|G　　D|C　　G
帰り道で君を思い出す
|G　　D　　|C　　G
コンビニをうろうろしながら
　　|Em　　C　　|C G
思い出し笑いをかみ殺す

C メロ
|C　　GonB　|Am
ダサイカッコはしたくない
|C　　D　　|G
年はとらないように
|C　　GonB　|Am
つくり笑いなんかしたくない
|Dsus4　　D|Dadd9　　D
だから Baby そばにおいでよ
|G　　D　|Am

A サビ
イェーイ 君を好きでよかった
　　　　　|Bm　　C　　|D
このまま ずっと ずっと 死ぬまでハッピー
　　　|G D　|Am
バンザイ 君に会えてよかった
　　　　　|Bm　Am　|C
このまま ずっと ずっと ラララふたりで
|G D|C G|G D|C G

B メロ
|G　　D　　|C　G
いい女を見れば振り返る
|G　　D　　|C　G
ホント スケベ オレの頭ん中
|G　　D　　|C　G
でもやっぱグッとくるほどの女は
　　|Em C　|C　　G
心の中にひとりだけ

C メロ
|C　　GonB　|Am
キザな言葉は てれくさい
|C　　D　　|G
カッコつけずにいこう
|C　　GonB　|Am
いつもふたりでじゃれてたい
|Dsus4　　D|Dadd9　　D
だから Baby ここへおいでよ

A サビ
|G　　D　|Am
イェーイ 君を好きでよかった
　　　　　|Bm　　C　　|D
このまま ずっと ずっと 死ぬまでハッピー
　　　|G D　|Am
バンザイ 君に会えてよかった
　　　　　|Bm　Am　|C
このまま ずっと ずっと ラララふたりで
|Em C|D G|Em C|D G|Em C|D G

C メロ
|Dsus4　　D|Dadd9　D
だから Baby Baby
|Dsus4　D　　|Dadd9　　D
そばに そばに そばにおいでよ
|G　　D　|Am

A サビ
イェーイ 君を好きでよかった
　　　　　|Bm　　C　　|D
このまま ずっと ずっと 死ぬまでハッピー
　　　|G D　|Am
バンザイ 君に会えてよかった
　　　　　|Bm　Am　|
このまま ずっと ずっと
|G　　　　|Am
イェーイ 君を好きでよかった
　　　　　|Bm　　C　　|D
このまま ずっと ずっと 死ぬまでハッピー
　　　|G D　|Am
バンザイ 君に会えてよかった
　　　　　|Bm　Am　|C
このまま ずっと ずっと ラララふたりで
|G D|C G|G D|C

SONGS08

BELOVED

GLAY

作詞／TAKURO　作曲／TAKURO

テンポ ♩=112

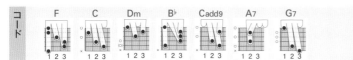

コード
F　C　Dm　B♭　Cadd9　A7　G7

|F C |Dm C |B♭ |C Cadd9

(IN)（イントロ）

|F C |Dm C |B♭ A7 |Dm

|F C |Dm C |B♭ |C |C

A　|F　C　|Dm|F C　|Dm
メロ　もうどれくらい歩いてきたのか？
　　|F C |Dm|F C　|Dm
　　街角に夏を飾る向日葵
　　|F C　|Dm|F C　|Dm
　　面倒な恋を投げ出した過去
　　|F C　|Dm|F C　|Dm
　　想い出すたびに切なさ募る

B　|B♭ A7|Dm　　|B♭ A7　|Dm
メロ　忙しい毎日に溺れて素直になれぬ中で
　　|B♭ A7 |Dm　　|B♭ C　|F|C
　　忘れてた大切な何かに優しい灯がともる

C　　|F|C　　|Dm|C
サビ　やがて来る それぞれの交差点を
　　|B♭　|A7　Dm
　　迷いの中 立ち止まるけど
　　|G7　　|C
　　それでも 人はまた歩き出す
　　　|F|C |Dm　|C
　　巡り合う恋心 どんな時も
　　|B♭　|A7　Dm
　　自分らしく生きてゆくのに
　　|G7　　|C
　　あなたがそばにいてくれたら
　　|B♭ C　|Dm　|B♭　C　|F
　　AH 夢から覚めた これからもあなたを愛してる
　　|C |Dm |C |B♭ |F |B♭ |C

　　|F |C |Dm |C |B♭ |B♭ |C C

B　|B♭ A7|Dm　　|B♭　A7　　|Dm
メロ　単純な心のやりとりを 失くした時代(とき)の中で
　　|B♭ A7 |Dm　　|B♭ C　|F　|C
　　3度目の季節は 泡沫(うたかた)の恋を愛だと呼んだ

C　　|F|C　　|Dm　|C
サビ　いつの日も さりげない暮らしの中
　　|B♭　|A7　Dm
　　育んだ愛の木立
　　|G7　　|C
　　微笑みも涙も受けとめて
　　　|F|C　|Dm |C
　　遠ざかる 懐かしき友の声を
　　|B♭　|A7　Dm
　　胸に抱いて想いを寄せた
　　　|G7　　|G7
　　いくつかの出逢い… いくつかの別れ…
　　　|C　　|C
　　くり返す日々は 続いてゆく

　　　|F|C　　|Dm|C
　　やがて来る それぞれの交差点を
　　|B♭　|A7　Dm
　　迷いの中 立ち止まるけど
　　|G7　　|C
　　それでも 人はまた歩き出す
　　　|F|C |Dm　|C
　　巡り合う恋心 どんな時も
　　|B♭　|A7　Dm
　　自分らしく生きてゆくのに
　　|G7　　|C
　　あなたがそばにいてくれたら
　　|B♭　C　|Dm　|B♭　C　|Dm
　　AH 夢から覚めた これからもあなたを愛してる
　　|B♭　C　|Dm　|B♭　C　|F
　　AH 夢から覚めた 今以上 あなたを 愛してる
　　|C |B♭ |B♭ |F

Section

6

アコギをもっと楽しもう

しるし

Mr.Children

作詞／桜井和寿　作曲／桜井和寿

テンポ ♩=74　　カポタスト **1フレット**　※最後のサビでカポ2にする

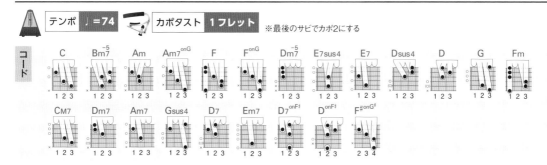

コード：C　Bm7(−5)　Am　Am7onG　F　FonG　Dm7(−5)　E7sus4　E7　Dsus4　D　G　Fm　CM7　Dm7　Am7　Gsus4　D7　Em7　D7onF♯　DonF♯　F♯onG♯

IN（イントロ）
|C　|Bm7(−5) E7　|Am Am7onG　|F FonG　|Dm7(−5)

A メロ
|C　　|E7sus4 E7　|Am　　Am7onG|Dsus4 D
最初からこうなることが決まっていたみたいに
　　|F　　　|FonG　G　　|C|C Fm
違うテンポで刻む鼓動を互いが聞いてる
|C　　|E7sus4 E7　|Am Am7onG　|Dsus4 D
どんな言葉を選んでも　どこか嘘っぽいんだ
　　|F　　　|FonG　　G　　|C
左脳に書いた手紙　ぐちゃぐちゃに丸めて捨てる
|CM7 C

B メロ
|Dm7|G　|E7　|Am7
心の声は君に届くのかな？
　|Dm7　　|Gsus4　|G
沈黙の歌に乗って…

C サビ
　　|C　　　|E7sus4 E7|Am　　Am7onG　|D7
ダーリンダーリン　いろんな角度から君を見てきた
　　|Dm7　|Em7　　|F　　D7onF♯　|G
そのどれもが素晴しくて　僕は愛を思い知るんだ
　|C　　|E7sus4 E7|Am Am7onG　|D7
「半信半疑＝傷つかない為の予防線」を
　　|C　　|F　G　　|C|C Fm
今、微妙なニュアンスで君は示そうとしている

A メロ
|C　　|E7sus4 E7　|Am　　Am7onG　|Dsus4 D
「おんなじ顔をしてる」と誰かが冷やかした写真
　|F　　　|FonG　G　　|C|C Fm
僕らは似ているのかなぁ？それとも似てきたのかなぁ？
|C　　|E7sus4 E7　|Am Am7onG　|Dsus4 D
面倒臭いって思うくらいに真面目に向き合っていた
　|F　　　|FonG　G　　|C
軽はずみだった自分をうらやましくなるほどに
|CM7 C

B メロ
|Dm7|G|E7　|Am7
心の声は誰が聞くこともない
　|Dm7　　　|Gsus4　|G
それもいい　その方がいい

C サビ
　　|C　　　|E7sus4 E7　|Am Am7onG　　|D7
ダーリンダーリン　いろんな顔を持つ君を知ってるよ
　　|Dm7　|Em7　　|F　D7onF♯　　|G
何をして過ごしていたって　思いだして苦しくなるんだ
　　|C　　|E7sus4 E7　|Am Am7onG　|D7
カレンダーに記入したいくつもの記念日より
　　|C　　|F　G　|C
小刻みに　鮮明に　僕の記憶を埋めつくす
|Bm7(−5) E7　|Am Am7onG　|F FonG

|C |Bm7(−5) E7　|Am Am7onG　|F FonG　|2/4 FonG

　　|C　　|E7sus4 E7　|Am Am7onG　|D7
泣いたり笑ったり　不安定な想いだけど
　　|Dm7　|Em7
それが君と僕のしるし
|F DonF♯　|FonG　|F♯onG♯　※ここで音を伸ばしてカポ2につけかえる

　|C　　　|E7sus4 E7|Am　Am7onG　|D7
ダーリンダーリン　いろんな角度から君を見てきた
　　|Dm7　|Em7
共に生きれない日が来たって
　　|F　　|D7onF♯　|G
どうせ愛してしまうと思うんだ
　　|C　　|E7sus4 E7|Am Am7onG　|D7
ダーリンダーリン　Oh My darling
　　|C　|F　G　|C　|F
狂おしく　鮮明に　僕の記憶を埋めつくす
FonG　|C
ダーリンダーリン

|Bm7(−5) E7　|Am Am7onG　|F FonG

|C |Bm7(−5) E7　|Am Am7onG　|F FonG

|C |Bm7(−5) E7　|Am Am7onG　|F FonG

|C |Bm7(−5) E7　|Am Am7onG　|F FonG

SONGS 10

やさしくなりたい

斉藤和義

作詞／斉藤和義　作曲／斉藤和義

テンポ ♩＝132　カポタスト 1フレット

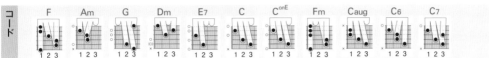

コード　F　Am　G　Dm　E7　C　ConE　Fm　Caug　C6　C7

|F |F |Am |Am |F |F |G |G

(IN) （イントロ）

　　　　　|F G|Am 　　|F G|Am

(A) 地球儀を回して世界100周旅行
　　　　　　　　|F　G |Am 　　|F G|Am
メロ キミがはしゃいでいる まぶしい瞳で
　　　　|F G|Am 　　|F G|Am
　光のうしろ側 忍び寄る影法師
　　　　　　　　|F G |Am 　|F G|Am
　なつかしの昨日は いま雨の中に

　　　　　|G 　　|G |Am 　　|Am

(B) やさしくなりたい やさしくなりたい
　　|F　　　|F |G 　　　|E7
メロ 自分ばかりじゃ 虚しさばかりじゃ

　　|Am 　|Dm|G 　　　|C

(C) 愛なき時代に生まれたわけじゃない
　　|Am 　　|Dm |G 　E7 |Am
サビ キミといきたい キミを笑わせたい
　　|Am 　|Dm|G 　　　|C
　愛なき時代に生まれたわけじゃない
　　|Am 　　|Dm|G 　E7 　|Am
　強くなりたい やさしくなりたい
　　|Am 　|Am 　|Am

　　　　|F G|Am 　　|F G |Am

(A) サイコロ転がして1の目が出たけれど
　　　　　|F　G |Am 　　|F G|Am
メロ 双六の文字には「ふりだしに戻る」
　　　　　|F　G 　|Am 　　|F　G |Am
　キミはきっと言うだろう「あなたらしいわね」と
　　　　　|F　G |Am |F 　G |Am
　「1つ進めたのならよかったじゃないの!」

　　　|G 　　|G |Am 　|Am

(B) 強くなりたい 強くなりたい
　　|F 　　　|F |G 　　　|E7
メロ 我慢ばかりじゃ 誤魔化しばかりじゃ

　　|Am 　|Dm|G 　　　　|C

(C) 愛なき時代に生まれたわけじゃない
　　|Am 　|Dm|G 　E7 |Am
サビ キミに会いたい キミに会いたい
　　|Am 　|Dm|G 　　　　|C
　愛なき時代に生まれたわけじゃない
　　|Am 　|Dm|G 　E7 　|C
　強くなりたい やさしくなりたい
　|ConE |F |F |C |ConE |F |F

　|C |ConE |Fm |Fm |C |ConE |Fm |Fm

　|C 　|Caug|C6 　|Caug

(D) 地球儀を回して世界100周
　|C 　|Caug|C6 　　|C7
メロ ボクらで回そう 待っておくれ
　|F |F 　|G |E7

　　|Am 　|Dm|G 　　　　|C

(C) 愛なき時代に生まれたわけじゃない
　　|Am 　|Dm |G 　E7 |Am
サビ キミに会いたい キミを笑わせたい
　　|Am 　|Dm|G 　　　　|C
　愛なき時代に生まれたわけじゃない
　　|Am 　|Dm|E7 　　|Am
　強くなりたい やさしくなりたい
　　|Am 　|Dm|G 　　　　|C
　愛なき時代に生きてるわけじゃない
　　|Am 　|Dm|G 　E7 |C
　手を繋ぎたい やさしくなりたい

　|ConE |F |F |C |ConE |F |F

　|C |ConE |Fm |Fm |C |ConE |Fm |Fm

　|C

Section 6 アコギをもっと楽しもう

アイネクライネ

米津玄師　　　　　　　　　　　　　　　　　　　　　　　作詞／米津玄師　作曲／米津玄師

テンポ ♩＝87　　カポタスト 1フレット

コード　F　C　G　Am　E7　G♯dim　Dm　ConE　G7onC　Csus4

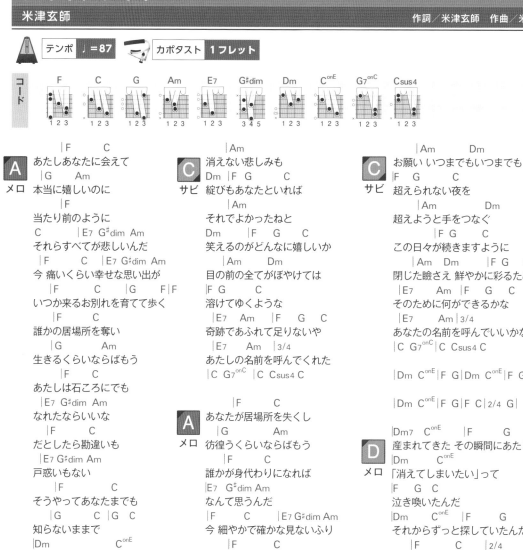

A メロ
```
 |F        C
あたしあなたに会えて
 |G        Am
本当に嬉しいのに
          |F
当たり前のように
C         |E7 G♯dim Am
それらすべてが悲しいんだ
 |F        C  |E7 G♯dim Am
今 痛いくらい幸せな思い出が
 |F        C    |G    F|F
いつか来るお別れを育てて歩く
          |F        C
誰かの居場所を奪い
 |G        Am
生きるくらいならばもう
          |F        C
あたしは石ころにでも
 |E7 G♯dim Am
なれたならいいな
 |F        C
だとしたら勘違いも
 |E7 G♯dim Am
戸惑いもない
          |F        C
そうやってあなたまでも
 |G    C |G C
知らないままで
```

B メロ
```
|Dm            ConE
あなたにあたしの思いが
     |F    G
全部伝わってほしいのに
|Dm            ConE
誰にも言えない秘密があって
|F  G  C
嘘をついてしまうのだ
|Dm            ConE
あなたが思えば思うより
     |F
いくつもあたしは
   G     |F
意気地ないのに
      C   |2/4 G   |F  F
どうして どうして どうして
```

C サビ
```
          |Am
消えない悲しみも
Dm |F  G    C
綻びもあなたといれば
          |Am
それでよかったねと
Dm    |F  G  C
笑えるのがどんなに嬉しいか
          |Am    Dm
目の前の全てがぼやけては
|F  G      C
溶けてゆくような
 |E7  Am  |F  G  C
奇跡であふれて足りないや
 |E7   Am  |3/4
あたしの名前を呼んでくれた
|C  G7onC |C  Csus4 C
```

A メロ
```
          |F        C
あなたが居場所を失くし
     |G        Am
彷徨うくらいならばもう
          |F        C
誰かが身代わりになれば
|E7  G♯dim Am
なんて思うんだ
 |F    C    |E7 G♯dim Am
今 細やかで確かな見ないふり
          |F        C
きっと繰り返しながら
     |G    C |G C
笑い合うんだ
|Dm
```

B メロ
```
|Dm
何度誓っても
ConE      |F        G
何度祈っても惨憺たる夢を見る
|Dm            ConE
小さな歪みがいつかあなたを
|F  G  C
呑んでなくしてしまうような
|Dm
あなたが思えば
ConE      |F
思うより大げさに
       G     |F
あたしは不甲斐ないのに
      C   |2/4 G   |F  F
どうして どうして どうして
```

C サビ
```
          |Am        Dm
お願い いつまでもいつまでも
 |F  G      C
超えられない夜を
          |Am        Dm
超えようと手をつなぐ
     |F  G      C
この日々が続きますように
 |Am  Dm    |F  G  C
閉じた瞼さえ 鮮やかに彩るために
 |E7   Am |F  G  C
そのために何ができるかな
 |E7      Am  |3/4
あなたの名前を呼んでいいかな
|C  G7onC |C  Csus4 C

|Dm  ConE |F  G|Dm  ConE |F  G C|

|Dm  ConE |F  G|F  C  |2/4 G|
```

D メロ
```
|Dm7      ConE     |F      G
産まれてきた その瞬間にあたし
|Dm        ConE
「消えてしまいたい」って
|F  G  C
泣き喚いたんだ
|Dm        ConE     |F      G
それからずっと探していたんだ
     |F    C    |2/4   |F×5 |2/4 F |F
いつか出会える あなたのことを
          |Am
```

C サビ
```
消えない悲しみも
Dm  |F  G    C
綻びもあなたといれば
          |Am
それでよかったねと
Dm    |F  G  C
笑えるのがどんなに嬉しいか
          |Am    Dm
目の前の全てがぼやけては
|F  G  C
溶けてゆくような
 |E7  Am  |F  G  C
奇跡であふれて足りないや
 |E7   Am |F  G  C
あたしの名前を呼んでくれた
 |E7   Am |F  G  C
あなたの名前を呼んでいいかな
```

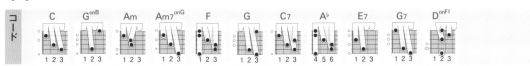

SONGS **12**

（81ページ掲載）

JAM

THE YELLOW MONKEY

作詞／吉井和哉　作曲／吉井和哉

テンポ ♩=76

コード

C　GonB　Am　Am7onG　F　G　C7　Ab　E7　G7　DonF♯

（♫ = ♪³♪ ）

IN（イントロ）
|C GonB |Am Am7onG |F G |C G

A
メロ
|C　GonB |Am Am7onG |F　G　|C G
暗い部屋で一人　　　　テレビはつけたまま
|C　GonB |Am Am7onG |F　G　|C G
僕は震えている　　　　何か始めようと
|C　GonB |Am Am7onG |F　G　|C G
外は冷たい風　　　　　街は矛盾の雨
|C　GonB |Am Am7onG |F　G　|C C7
君は眠りの中　　　　　何の夢を見てる？

B
メロ
|F　　　|Ab　　|C　GonB |Am Am7onG
時代は裏切りも悲しみも 全てを僕にくれる
|F　　　|E7　|F　　Ab　|G　G7
眠れずに叫ぶように からだは熱くなるばかり

C
サビ
　　　|C GonB |Am　　Am7onG |F DonF♯|G　G7
Good Night 数えきれぬ　Good Night 夜を越えて
　　　|C GonB |Am　　Am7onG |F DonF♯|G G7
Good Night 僕らは強く　Good Night 美しく
　　　|C　　GonB　|Am　　Am7onG
儚なさに包まれて 切なさに酔いしれて
|F　DonF♯　|G　G7
影も形もない僕は
　　|C　　GonB　　|Am　　　Am7onG
素敵な物が欲しいけど あんまり売ってないから
|F　G　|C G
好きな歌を歌う
|C GonB |Am　Am7onG |F G |C G

A
メロ
　　　|C　GonB |Am Am7onG |F　G　|C G
キラキラと輝く大地で　君と抱き合いたい
　　　|C　GonB　|Am　　Am7onG
この世界に 真っ赤なジャムを塗って
　　　|F　　G　|C C7
食べようとする奴がいても

B
メロ
|F　　|Ab　|C　GonB |Am Am7onG
過ちを犯す男の子 涙化粧の女の子
|F　　　|E7　|F　Ab　|G　G7
たとえ世界が終わろうとも 二人の愛は変わらずに

C
サビ
　　　|C GonB |Am　　Am7onG |F DonF♯|G　G7
Good Night 数えきれぬ　Good Night 罪を越えて
　　　|C GonB |Am　　Am7onG |F DonF♯|G G7
Good Night 僕らは強く　Good Night 美しく
　　　|C　　GonB　|Am　　Am7onG
あの偉い発明家も 凶悪な犯罪者も
|F　　DonF♯　|G　G7
みんな昔子供だってね
　　|C　　　GonB
外国で飛行機が墜ちました
　　|Am　　　　Am7onG
ニュースキャスターは嬉しそうに
　|F　　　DonF♯
「乗客に日本人はいませんでした」
|G　　　　G7
「いませんでした」「いませんでした」
　　|C　　　GonB
僕は何を思えばいいんだろう
　|Am　　　Am7onG
僕は何て言えばいいんだろう
　　|F　DonF♯　|G　　　G7
こんな夜は逢いたくて 逢いたくて 逢いたくて
　　|C　　　GonB|Am　　Am7onG
君に逢いたくて 君に逢いたくて
|F　G　|C G
また明日を待ってる

|C GonB |Am Am7onG |F G |C G

|C GonB |Am Am7onG |F G |C

チェリー

スピッツ

作詞／草野正宗　作曲／草野正宗

テンポ ♩=97

コード：C　G　Am　F　Em　G^onB　Em7　B♭add9

1 2 3　1 2 3　1 2 3　1 2 3　1 2 3　1 2 3　1 2 3　1 2 3

(♪♪ = ♪♪³)

(IN) （イントロ）
|C G |Am F |C G |Am F
|C G |Am F |C G |Am F

A メロ
|C　　|G　|Am　　|Em
君を忘れない 曲がりくねった道を行く
　|F　　|C　|F　　|G
産まれたての太陽と 夢を渡る黄色い砂
|C　　|G　|Am　　|Em
二度と戻れない くすぐり合って転げた日
　　|F　　G
きっと 想像した以上に
|C　Am　　|F G　|C
騒がしい未来が僕を待ってる

B サビ
　　G^onB|Am Em7|F　C　|Am Em|F　　C
"愛してる"の響きだけで 強くなれる気がしたよ
　|Am Em7|F C　|Am Em|F　G C
ささやかな喜びを つぶれるほど抱きしめて

A メロ
|C　　|G　|Am　　|Em
こぼれそうな思い 汚れた手で書き上げた
　|F　|C　|F　　|G
あの手紙はすぐにでも捨てて欲しいと言ったのに
|C　|G　|Am　　|Em
少しだけ眠い 冷たい水でこじあけて
　|F　　G
今 せかされるように
|C　Am　|F G　|C
飛ばされるように 通り過ぎてく

B サビ
　　G^onB|Am Em7|F　　C　|Am Em|F　　C
"愛してる"の響きだけで 強くなれる気がしたよ
　|Am Em7|F　C　|Am Em|F G C
いつかまた この場所で 君とめぐり会いたい
|B♭add9 |B♭add9 |Am

|F　　　|F
C メロ どんなに歩いても たどりつけない
|Am　|Am
心の雪でぬれた頬
|F　　|F
悪魔のふりして 切り裂いた歌を
|Am　|Am |G　|F |F
春の風に舞う花びらに変えて
|C G |Am F |C G |Am F

|C G |Am F |C G |Am F

A メロ
|C　　|G　|Am　　|Em
君を忘れない 曲がりくねった道を行く
　　|F　　G
きっと 想像した以上に
|C　Am　|F G　|C
騒がしい未来が僕を待ってる

B サビ
　　G^onB|Am　Em7|F　C　|Am Em|F　　C
"愛してる"の響きだけで 強くなれる気がしたよ
　|Am Em7|F C　|Am Em|F　G C
ささやかな喜びを つぶれるほど抱きしめて
　|Am Em7|F　　C　|Am Em|F　　C
ズルしても真面目にも 生きてゆける気がしたよ
　|Am Em7|F　　C |Am Em|F G C
いつかまた この場所で 君とめぐり会いたい

172

SONGS 15

いとしのエリー

サザンオールスターズ

作詞／桑田佳祐　作曲／桑田佳祐

テンポ ♩＝69

コード

DonA　G♯m7−5　G　DonF♯　Em7　Em7onA　D　F♯monC♯　D7　A7　E7　B7　F♯m　Bm

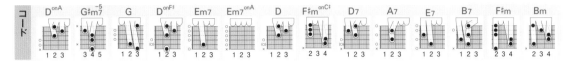

|DonA |G♯m7−5 |G DonF♯ |Em7 Em7onA

IN （イントロ）

|D　　　　　　　|F♯monC♯

A メロ
泣かした事もある 冷たくしてもなお
　　　|D7　　　　　　|G
よりそう気持ちが あればいいのさ
　|Em7　A7　　　　|D　E7
俺にしてみりゃ これで最後のLady
　|G　　　A7　　|D
エリー my love so sweet

|D　　　　　　　　|F♯monC♯
二人がもしもさめて 目をみりゃつれなくて
　|D7　　　　　　|G
人に言えず 思い出だけがつのれば
　|Em7　A7　　　　|D　　E7
言葉につまるようじゃ 恋は終わりね
　|G　　　A7　　|D　B7
エリー my love so sweet

|Em7　　　　A7　|F♯m　　　　　　Bm
B サビ
笑ってもっと baby むじゃきに on my mind
|Em7　　　　A7　|F♯m　　　　　Bm
映ってもっと baby すてきに in your sight
|G　A7 |F♯m　　B7
誘い涙の日が落ちる
　|G　　　　A7　　|D　E7
エリー my love so sweet
　|G　　　　A7　　|D
エリー my love so sweet
|D |G♯m7−5 |G DonF♯ |Em7 Em7onA

|D |E7 |G DonF♯ |Em7 Em7onA

|D　　　　　　　　|F♯monC♯
A メロ
あなたがもしもどこかの 遠くへ行きうせても
　|D7　　　　　　|G
今までしてくれたことを 忘れずにいたいよ
　|Em7　A7　　　|D　　E7
もどかしさもあなたにゃ 程よくいいね
　|G　　　A7　　|D　B7
エリー my love so sweet

|Em7　　　　A7　|F♯m　　　　　　Bm
B サビ
笑ってもっと baby むじゃきに on my mind
|Em7　　　　A7　|F♯m　　　　　Bm
映ってもっと baby すてきに in your sight
|G　A7　|F♯m B7
みぞれまじりの心なら
　|G　　　A7　　|D E7
エリー my love so sweet
　|G　　　A7　　|D　B7
エリー my love so sweet

|Em7　　　　A7　|F♯m　　　　　　Bm
笑ってもっと baby むじゃきに on my mind
|Em7　　　　A7　|F♯m　　　　　Bm
映ってもっと baby すてきに in your sight
|G　A7 |F♯m　B7
泣かせ文句のその後じゃ
　|G　　　A7　　|D E7
エリー my love so sweet
　|G　　　A7　　|D E7
エリー my love so sweet
　|G　　　A7
エリー my love
　DonA |G♯m7−5 |G DonF♯ |Em7 Em7onA
エリー

（97ページ掲載）

少年時代

井上陽水

作詞／井上陽水　作曲／井上陽水・平井夏美

 テンポ ♩＝84　　カポタスト **2フレット**

コード
 C　G^onB　Am　G　D　D7　D#dim　Em　F#m7^(-5)　B7　Bm7^(-5)　E7　Am7^onG

D7^onF#　F6

IN（イントロ）
|C G^onB |Am G |C G^onB |Am D G

A
サビ
|G D7 |D#dim Em
夏が過ぎ 風あざみ
|C　G^onB |Am　D7
誰のあこがれにさまよう
|G D7 |D#dim Em|C　G^onB |Am D7 G
青空に 残された　私の心は 夏模様

B
メロ
|F#m7^(-5) B7|F#m7^(-5) B7
夢が覚め 夜の中
|Bm7^(-5) E7|Am Am7^onG
永い冬が
|D7^onF# |G
窓を閉じて
|F6 E7 |Am
呼びかけたままで
|D |D |D
夢はつまり 想い出のあとさき

A
サビ
|G D7 |D#dim Em
夏まつり 宵かがり
|C　G^onB |Am　D7
胸のたかなりにあわせて
|G D7 |D#dim Em|C　G^onB |Am D7 G
八月は 夢花火　　私の心は 夏模様

|C G^onB |Am G |C G^onB |Am D7

|Bm7^(-5) C |Cm G |A7 |Dsus4 D

|G D |B7 Em |C G^onB |Am D7 G

|F#m7^(-5) B7|F#m7^(-5) B7
B
メロ
目が覚めて 夢のあと
|Bm7^(-5) E7|Am Am7^onG
長い影が
|D7^onF# |G
夜にのびて
|F6 E7 |Am
星屑の空へ
|D |D |D
夢はつまり 想い出のあとさき

A
サビ
|G D7 |D#dim Em
夏が過ぎ 風あざみ
|C　G^onB |Am　D7
誰のあこがれにさまよう
|G D7 |D#dim Em|C　G^onB |Am D7 G
八月は 夢花火　　私の心は 夏模様

|C G^onB |Am G |C G^onB |Am D7 G

（98ページ掲載）

SONGS 17

さくら（独唱）

森山直太朗　　　　　　　　　作詞／森山直太朗・御徒町凧　作曲／森山直太朗

テンポ ♩=72　　カポタスト 1フレット

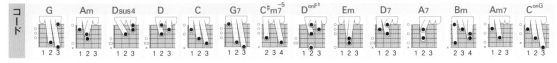

コード　G　Am　Dsus4　D　C　G7　C#m7(-5)　DonF#　Em　D7　A7　Bm　Am7　ConG

（IN）　|G |Am |Dsus4 |D
　　　（イントロ）

A メロ
　　　|G 　　 |C 　　 G
　僕らはきっと待ってる
　　　 |C 　　 G 　　 |Dsus4 D
　君とまた会える日々を
　　|C 　　 D 　　 |G 　　 G7
　さくら並木の道の上で
　　 |C C#m7(-5) |Dsus4 D
　手を振り叫ぶよ
　　|G 　　 |C 　　 G
　どんなに苦しい時も
　　 |C 　　 G 　　 |Dsus4 D
　君は笑っているから
　　|C 　　 D 　|G DonF# Em
　挫けそうになりかけても
　　 |C 　　 D 　　 |G G7
　頑張れる気がしたよ

B メロ
　　|C 　　 D7 |G 　　 G7
　霞みゆく景色の中に
　　　　|A7 　　　　 |Dsus4 D
　あの日の唄が聴こえる

C サビ
　　　　 |G 　　 D 　|Em 　　 D
　さくら さくら 今、咲き誇る
　　　　 |C 　　 G 　|Am 　　 D
　刹那に散りゆく運命と知って
　　　 |G 　D |Em 　　 Bm
　さらば友よ 旅立ちの刻
　|C 　　 G 　　 |Am Dsus4 |2/4 Dsus4
　変わらないその想いを 今
　|C G |Am7 Dsus4 D |G ConG

A メロ
　　　　|G 　　 |C 　　 G
　今なら言えるだろうか
　　|C 　　 G 　　 |Dsus4 D
　偽りのない言葉
　　|C D 　|G DonF# Em|C
　輝ける君の未来を願う
　　　 D 　|G G7
　本当の言葉

B メロ
　　|C 　　 D7 |G 　　 G7
　移りゆく街はまるで
　　　 |A7 　　　　 |Dsus4 D
　僕らを急かすように

C サビ
　　　　 |G 　　 D 　|Em 　　 D
　さくら さくら ただ舞い落ちる
　　　　 |C 　　 G 　|Am 　　 D
　いつか生まれ変わる瞬間を信じ
　　　 |G 　D 　|Em 　Bm
　泣くな友よ 今惜別の時
　|C 　　 G 　　 |Am Dsus4 |G ConG|G D
　飾らないあの笑顔で さあ

　　　　 |G 　　 D 　|Em 　　 D
　さくら さくら いざ舞い上がれ
　　　　 |C 　　 G 　|Am 　　 D
　永遠にさんざめく光を浴びて
　　　 |G 　D 　　 |Em 　　 Bm
　さらば友よ またこの場所で会おう
　|C 　　 G 　　 |Am Em
　さくら舞い散る道の
　|C 　　 G 　　 |Am D |G
　さくら舞い散る道の上で
　|ConG 　|G |ConG 　|G |ConG 　|G

Section 6

アコギをもっと楽しもう

花束を君に

宇多田ヒカル　　　　　　　　　　　　　　　　　　　作詞／宇多田ヒカル　作曲／宇多田ヒカル

テンポ ♩＝84　　カポタスト **4フレット**

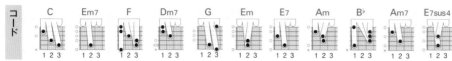

コード　C　Em7　F　Dm7　G　Em　E7　Am　B♭　Am7　E7sus4

（♫＝♪³♫）

A メロ
　　　|C　　　|Em7　F |Dm7　G |C
普段からメイクしない君が薄化粧した朝
　　　|C　　　|Em7　F
始まりと終わりの狭間で
|Dm7 |F　　G　|2/4
忘れぬ約束した

B サビ
|C Em |F　　C
花束を君に贈ろう
|F　　C |F　　C
愛しい人 愛しい人
|C　　Em|E7　　Am |F
どんな言葉並べても
　　E7　|F　E7
真実にはならないから
|F　　C　|F　C|B♭　G　|C　Am7
今日は贈ろう 涙色の花束を君に
|Em7　|C Am7 |G

A メロ
　　　|C　　　|Em7　F |Dm7　　G
毎日の人知れぬ苦労や淋しみも無く
　　　|C　　　|C
ただ楽しいことばかりだったら
|Em7 F　　|Dm7 |F　　　G|2/4
愛なんて知らずに済んだのにな

B サビ
|C Em |F　　C
花束を君に贈ろう
　　|F　　C |F　　C
言いたいこと 言いたいこと
|C　　Em|E7　　Am |F
きっと山ほどあるけど
　　E7　|F　E7
神様しか知らないまま
|F　　C　|F C|B♭ G |C
今日は贈ろう 涙色の花束を君に
|Em7 F |Dm7 G |C

A メロ
　　　　　|C
両手でも抱えきれない
|E7　Am　　|Dm7 E7sus4 E7
眩い風景の数々をありがとう

B サビ
|C Em　|F　　C
世界中が雨の日も
|F　　C |F　　C
君の笑顔が僕の太陽だったよ
|C Em|E7　　Am |F
今は伝わらなくても
　　E7　|F　E7
真実には変わりないさ
|F　　C　|F　C|B♭　　G　|C
抱きしめてよ、たった一度 さよならの前に

　　　Em |F　　C
花束を君に贈ろう
|F　　C |F　　C
愛しい人 愛しい人
|C　　Em|E7　　Am |F
どんな言葉並べても
　　E7　|F　　E7
君を讃えるには足りないから
|F　　C　|F C|B♭　G　|C　Am7
今日は贈ろう 涙色の花束を君に

|Em7 |C Am7 |G

|C Am7 |Em7 |C Am7 |G

|C Am7 |Em7 |C Am7 |G

|C Am7 |Em7 |C Am7 |G　　|C

（107ページ掲載）

SONGS 19

夏色

ゆず

作詞／北川悠仁　作曲／北川悠仁

テンポ ♩＝120　カポタスト 3フレット

コード

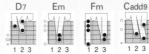

C　F　Am　G　E　Dm7　D7　Em　Fm　Cadd9

 IN （イントロ）
```
|C   |C
|C F |Am G |C F |Am G |F   |G
```

A メロ
```
|C      F    |Am      G
駐車場のネコはアクビをしながら
|C      F    |Am      G
今日も一日を過ごしてゆく
|F       |G        |C
何も変わらない 穏やかな街並
|C      F    |Am      G
みんな夏が来たって浮かれ気分なのに
|C      F    |Am      G
君は一人さえない顔してるネ
|F       |G         |2/4 C
そうだ君に見せたい物があるんだ
```

B メロ
```
      |E      |Am   |E       |Am
大きな五時半の夕やけ 子供の頃と同じように
|F       |Dm7     |D7   |G
海も空も雲も僕等でさえも 染めてゆくから
```

C サビ
```
|C    Am  |F   G
この長い長い下り坂を
|C    Am  |F      G
君を自転車の後ろに乗せて
       |Em       |Am
ブレーキいっぱい握りしめて
       |F    Fm   |C
ゆっくりゆっくり下ってく
  F |Am G |C F |Am G |F   |G
```

A メロ
```
|C      F    |Am      G
風鈴の音でウトウトしながら
|C      F    |Am       G
夢見ごこちでヨダレをたらしてる
       |F        |G        |C
Oh いつもと同じ網戸ごしの風の匂い
|C      F    |Am        G
休日でみんなもゴロゴロしてるのに
|C      F    |Am      G
君はずいぶん忙しい顔をしてるネ
|F       |G         |2/4 C
そうだいつかのあの場所へ行こう
```

B メロ
```
      |E      |Am   |E       |Am
真夏の夜の波の音は不思議な程心静かになる
|F                |Dm7
少しだけ全て忘れて波の音の中
|D7     |G
包みこまれてゆく
```

C サビ
```
|C    Am  |F      |G
この細い細いうら道を抜けて
|C    Am  |F       |G
誰もいない大きな夜の海見ながら
|Em     |Am
線香花火に二人で
       |F     Fm  |C   |C
ゆっくりゆっくり火をつける
```

D メロ
```
|F                |Dm7
いつか君の泪がこぼれおちそうになったら
|D7
何もしてあげられないけど
|G                |G
少しでもそばにいるよ…
```

C サビ
```
|C    Am  |F   G
この長い長い下り坂を
|C    Am  |F      G
君を自転車の後ろに乗せて
       |Em       |Am
ブレーキいっぱい握りしめて
       |F    Fm   |C
ゆっくりゆっくり下ってく

       |F    Fm   |C
ゆっくりゆっくり下ってく
       |F    Fm   |C
ゆっくりゆっくり下ってく
  F |Am G |C F |Am G |F   |G

|F C G |Cadd9
```

(107ページ掲載)

One more time, One more chance

山崎まさよし

作詞／山崎将義　作曲／山崎将義

テンポ ♩=65

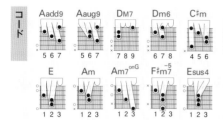

※イントロのフレーズは練習曲のTAB譜参照

(IN) |Aadd9　Aaug9　|DM7onA　Dm6onA ×2|
（イントロ）
Aadd9　Aaug9　|DM7　Dm6

A これ以上何を失えば 心は許されるの
メロ |Aadd9　Aaug9　|DM7　　　Dm6
どれ程の痛みならば もういちど君に会える
|C♯m　　　F♯m　|Bm　　　F
One more time 季節よ うつろわないで
|C♯m　　　F♯m　|Bm　　　F
One more time ふざけあった 時間よ
|Aadd9　Aaug9　|DM7　Dm6
くいちがう時はいつも 僕が先に折れたね
|Aadd9　Aaug9　|DM7　　　Dm6
わがままな性格が なおさら愛しくさせた
|C♯m　　　F♯m　|Bm　　　F
One more chance 記憶に足を取られて
|C♯m　　　F♯m　|Bm　　　F
One more chance 次の場所を選べない
|A　　　AM7　　　|G　　　F♯

B いつでも捜しているよ どっかに君の姿を
サビ |Bm　　　BmM7
向いのホーム 路地裏の窓
|Bm7　　　E
こんなとこにいるはずもないのに
|A　　　AM7　　　|G　　　F♯
願いがもしも叶うなら 今すぐ君のもとへ
|Bm　　　　BmM7
できないことは もう何もない
|Bm7　　　E　　　|G　|A　|G
すべてかけて抱きしめてみせるよ
|Aadd9　Aaug9　|DM7　　　Dm6

A 寂しさ紛らすだけなら 誰でもいいはずなのに
メロ |Aadd9　Aaug9　|DM7　　　Dm6
星が落ちそうな夜だから 自分をいつわれない
|C♯m　　　F♯m　|Bm　　　F
One more time 季節よ うつろわないで
|C♯m　　　F♯m　|Bm　　　F
One more time ふざけあった 時間よ
|A　　　AM7　　　|G　　　F♯

B いつでも捜しているよ どっかに君の姿を
サビ |Bm　　　BmM7
交差点でも 夢の中でも
|Bm7　　　E
こんなとこにいるはずもないのに

|A　　　AM7　　　|G　　　F♯
奇跡がもしも起こるなら 今すぐ君に見せたい
|Bm　　　BmM7
新しい朝 これからの僕
|Bm7　　　|E　　　|G　|A　|G
言えなかった「好き」という言葉も
|F　G　　　|Am　Am7onG　F♯m7⁻⁵
夏の思い出がまわる

C |F　　　G　　　|Esus4　E
メロ ふいに消えた鼓動
|A　　　AM7　　　|G　　　F♯

B いつでも捜しているよ どっかに君の姿を
サビ |Bm　　　BmM7
明け方の街 桜木町で
|Bm7　　　E
こんなとこに来るはずもないのに
|A　　　AM7　　　|G　　　F♯
願いがもしも叶うなら 今すぐ君のもとへ
|Bm　　　BmM7
できないことは もう何もない
|Bm7　　　|E
すべてかけて抱きしめてみせるよ
|A　　　AM7　　　|G　　　F♯
いつでも捜しているよ どっかに君の破片を
|Bm　　　BmM7
旅先の店 新聞の隅
|Bm7　　　E
こんなとこにあるはずもないのに
|A　　　AM7　　　|G　　　F♯
奇跡がもしも起こるなら 今すぐ君に見せたい
|Bm　　　BmM7
新しい朝 これからの僕
|Bm7
言えなかった「好き」という言葉も
|A　　　AM7　　　|G　　　F♯
いつでも捜してしまう どっかに君の笑顔を
|Bm　　　BmM7
急行待ちの 踏切あたり
|Bm7　　　E
こんなとこにいるはずもないのに
|A　　　AM7　　　|G　　　F♯
命が繰り返すならば 何度も君のもとへ
|Bm　　　BmM7
欲しいものなど もう何もない
|Bm7　　　E　　　|G　|A　|G　|A　|G
君のほかに大切なものなど
|Aadd9　Aaug9　|DM7　Dm6　|Aadd9

SONGS21

（109ページ掲載）

サヨナラ COLOR
SUPER BUTTER DOG

作詞／永積タカシ　作曲／永積タカシ

テンポ ♩＝65　　カポタスト **4フレット**

コード　G　GonF♯　Em7　C　D　Csus4　Dadd9　A　Em　G6

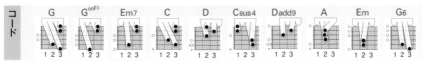

※イントロのフレーズは練習曲のTAB譜参照

(♫ = ♩³♪)

(IN)（イントロ）
|G GonF♯ |Em7 C D
|G GonF♯ |Em7 C D

|C Csus4 C |Dadd9

A メロ
|C　　　　　|G
そこから旅立つことは
|C　　　　　|G
とても力がいるよ
|C　　　　　|G GonF♯
波風たてられること
　　　　|A　　|D
きらう人 ばかりで

B メロ
　|C　　　　　|G
でも 君はそれでいいの？
|C　　　　　|G
楽がしたかっただけなの？
|C　　　　　|G GonF♯
僕をだましてもいいけど
　　　　|A|C　D
自分はもう だまさないで

C サビ
|G　　　|D　　　|Em
サヨナラから はじまることが
　　|C |D　　　G
たくさん あるんだよ
　　　　　　|D　　　|Em
本当のことが 見えてるなら
　　|C　　D
その思いを 僕に見せて
|G GonF♯ |Em7 C D ×4

A メロ
|C　　　　　|G
自分をつらぬくことは
|C　　　　　|G
とても勇気がいるよ
|C　　　　　|G GonF♯
だれも一人ボッチには
　　　　|A　　|D
なりたくはないから

B メロ
　|C　　　　　|G
でも 君はそれでいいの？
|C　　　　　|G
夢の続きはどうしたの？
|C　　　　　|G GonF♯
僕を忘れても いいけど
　　　　|A |C D
自分はもう はなさないで

C サビ
|G　　　|D　　　|Em
サヨナラから はじまることが
　　|C |D　　　G
たくさん あるんだよ
　　　　　　|D　　　|Em
本当のことが 見えてるなら
　　|C　　D　　|G
その思いを 捨てないで

　　　　　　|D　　　|Em
サヨナラから はじまることが
　　|C |D　　　G
たくさん あるんだよ
　　　　　　|D　　　|Em
本当のことは 見えてるんだろ
　　|C　　D　　|G
その思いよ 消えないで
　　|C GonB Am D |G GonF♯
その思いを 僕に見せて

|Em7 C D

|G GonF♯ |Em7 C D

|G GonF♯ |Em7 C D

|G GonF♯ |Em7 C D |G6

Section **6** アコギをもっと楽しもう

（110ページ掲載）

蕾（つぼみ）

コブクロ

作詞／小渕健太郎　作曲／小渕健太郎

テンポ ♩＝76　カポタスト 2フレット

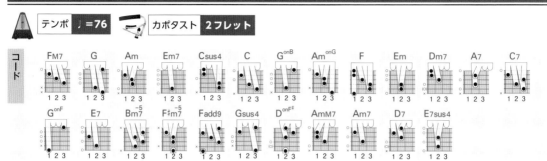

コード：FM7　G　Am　Em7　Csus4　C　GonB　AmonG　F　Em　Dm7　A7　C7
GonF　E7　Bm7(-5)　F♯m7(-5)　Fadd9　Gsus4　DonF♯　AmM7　Am7　D7　E7sus4

IN（イントロ）
|FM7 G |Am Em7 |FM7 G |Csus4 |C

A メロ
|C　GonB |Am AmonG |F　G |Em　Am
涙こぼしても　汗にまみれた笑顔の中じゃ
|Dm7　G |Em　Am
誰も気付いてはくれない　だから
|Dm7　G
あなたの涙を僕は知らない
|C　GonB |Am AmonG |F G |Em　A7
絶やす事無く　僕の心に灯されていた
|Dm7　G
優しい明かりは
|C G　Am |F Em Dm7 G |C C7
あなたがくれた理由なき愛の灯（あかし）

B メロ
|F |GonF
柔らかな日だまりが包む背中に
|Em E7 |Am
ポツリ　話しかけながら
|Bm7(-5) E7 |Am AmonG F♯m7(-5)
いつかこんな日が来る事も
|Fadd9 C |Dm7 |Gsus4 G |E7
きっと きっと きっと わかってたはずなのに

C サビ
|FM7 G |Am Em7 |F G |Csus4 C
消えそうに 咲きそうな 蕾が今年も僕を待ってる
C7 |F DonF♯ |G E7 |Am
掌じゃ掴めない 風に踊る花びら
AmM7 |Am7 D7
立ち止まる肩にヒラリ
|Dm7 Em F G |Dm7 Em F G
上手に乗せて　笑って見せた
|Dm7 Em F D |Gsus4 G |Csus4 |C
あなたを思い出す　　一人

A メロ
|C　GonB |Am AmonG |F G |Em A7
ビルの谷間に埋もれた夢も いつか芽吹いて
|Dm7　G |C G Am |F Em Dm7 G |C C7
花を咲かすだろう 信じた夢は咲く場所を選ばない

B メロ
|F |GonF
僕等 この街に落とされた影法師
|Em E7 |Am
みんな光を探して
|Bm7(-5) E7 |Am AmonG F♯m7(-5)
重なり合う時の流れも
|Fadd9 C |Dm7 |Gsus4 G |E7
きっと きっと きっと 追い越せる日が来るさ

C サビ
|FM7 G |Am Em7 |F G |Csus4 C
風のない線路道 五月の美空は青く寂しく
C7 |F DonF♯ |G E7 |Am
動かないちぎれ雲 いつまでも浮かべてた
AmM7 |Am7 D7
どこにももう戻れない
|Dm7 Em F G |Dm7 Em F G
僕のようだと　ささやく風に
|Dm7 Em F D |Gsus4 G
キラリ舞い落ちてく 涙
|FM7 |G |Em7 |Am |FM7 |Bm7(-5) |E7sus4 |E7

|FM7 G |Am Em7 |FM7 G |C
散り際に もう一度開く花びらは あなたのように
|FM7 G |Am Em7 |FM7 |E7sus4
聴こえない頑張れを 握った両手に何度もくれた

E7 |FM7 G |Am Em7 |F G |Csus4 C
消えそうに 咲きそうな 蕾が今年も僕を待ってる
C7 |F DonF♯ |G E7 |Am
今もまだ掴めない あなたと描いた夢
AmM7 |Am7 D7
立ち止まる僕のそばで
|Dm7 Em F G |Dm7 Em F G
優しく開く　笑顔のような
|Dm7 Em F D |Gsus4 |G
蕾を探してる
|G
空に
|FM7 G |Am Em7 |FM7 G |Csus4 |C

（113ページ掲載）

SONGS 23

小さな恋のうた

MONGOL800

作詞／上江洌清作　作曲／MONGOL800

テンポ ♩=222

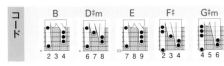
コード　B　D♯m　E　F♯　G♯m

※元の曲のキーのコードで掲載。カポ4にしてそれぞれのコードを
B→G、D♯m→Bm、E→C、F♯→D、G♯m→Emに置き換えて弾くこともできる

```
        |B     |D♯m|E  |B  |E  |B  |F♯    |G♯m
```
A　広い宇宙の数ある一つ　青い地球の広い世界で
```
        |B     |D♯m|E  |B  |E  |B  |F♯    |G♯m |F♯
```
メロ　小さな恋の思いは届く　小さな島のあなたのもとへ
```
        |B     |D♯m|E  |B  |E  |B  |F♯    |G♯m
```
　　　あなたと出会い　時は流れる　思いを込めた手紙もふえる
```
        |B     |D♯m|E  |B  |E  |B  |F♯    |G♯m
```
　　　いつしか二人互いに響く　時に激しく　時に切なく

```
        |D♯m |E  |F♯m |G♯m |D♯m |E  |F♯    |B |B |F♯ |F♯
```
B　響くは遠く　遥か彼方へ　やさしい歌は世界を変える
```
        |E  |F♯    |G♯m|D♯m|E     |B |F♯    |B
```
メロ　ほら　あなたにとって大事な人ほど　すぐそばにいるの
```
        |E  |F♯    |G♯m|D♯m |E  |B |F♯    |B
```
C　ただ　あなたにだけ届いて欲しい　響け恋の歌
```
        |E|F♯|G♯m|D♯m  |E|F♯|G♯m|D♯m  |E|F♯|G♯m|D♯m|E  |F♯
```
サビ　ほら　　　　　ほら　　　　　ほら　　　　　　響け恋の歌

```
        |B     |D♯m|E  |B  |E  |B  |F♯    |G♯m
```
A　あなたは気づく　二人は歩く暗い道でも　日々照らす月
```
        |B     |D♯m|E  |B  |E  |B  |F♯ |G♯m
```
メロ　握りしめた手　離すことなく　思いは強く　永遠誓う
```
        |B  |D♯m  |B  |E  |B  |F♯    |G♯m
```
　　　永遠の淵　きっと僕は言う　思い変わらず同じ言葉を
```
        |D♯m    |E  |F♯    |G♯m|D♯m |E
```
B　それでも足りず　涙にかわり　喜びになり
```
        |F♯    |B  |F♯    |B  |F♯    |B |B |F♯ |F♯
```
メロ　言葉にできず　ただ抱きしめる　ただ抱きしめる
```
        |E  |F♯    |G♯m|D♯m|E     |B |F♯    |B
```
C　ほら　あなたにとって大事な人ほど　すぐそばにいるの
```
        |E  |F♯    |G♯m|D♯m |E  |B |F♯    |B
```
　　　　　　　　　　　　　　　　　　　　　※テンポ116になる
　　　　　　　　　　　　　　　　　　　　　↓
サビ　ただ　あなたにだけ届いて欲しい　響け恋の歌
```
        |E|F♯|G♯m|D♯m  |E|F♯|G♯m|D♯m  |E|F♯|G♯m|D♯m  |E |F♯|B |B
```
　　　ほら　　　　　ほら　　　　　ほら　　　　　　響け恋の歌

```
        |E     |B  |E     |B
```
D　夢ならば覚めないで　夢ならば覚めないで
```
        |E         F♯ |G♯m D♯m|E|B  F♯
```
メロ　あなたと過ごした時　永遠の星となる
```
※テンポ222に戻る→  |E  |F♯    |G♯m|D♯m|E     |B |F♯    |B
```
C　ほら　あなたにとって大事な人ほど　すぐそばにいるの
```
        |E  |F♯    |G♯m|D♯m |E  |B |F♯    |B
```
メロ　ただ　あなたにだけ届いて欲しい　響け恋の歌
```
        |E  |F♯    |G♯m|D♯m|E     |B |F♯    |B
```
　　　ほら　あなたにとって大事な人ほど　すぐそばにいるの
```
        |E  |F♯    |G♯m|D♯m |E  |B |F♯    |B
```
　　　ただ　あなたにだけ届いて欲しい　響け恋の歌
```
        |E|F♯|G♯m|D♯m  |E|F♯|G♯m|D♯m  |E|F♯|G♯m|D♯m |E  |F♯|B
```
　　　ほら　　　　　ほら　　　　　ほら　　　　　　響け恋の歌

Section 6　アコギをもっと楽しもう

（114ページ掲載）

めざせポケモンマスター

松本梨香

作詞／戸田昭吾　作曲／たなかひろかず

テンポ ♩＝120

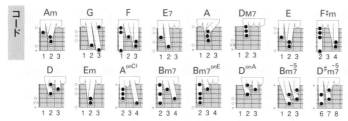

コード

IN
（ポケモン ゲットだぜーッ！）
|Am G |F G |Am G |F E7
（イントロ）

A（メロ）
　　　|Am　　　　G
たとえ 火の中 水の中
　　|F　G |Am　　　G
草の中 森の中 土の中 雲の中
　　　　　　　　|F　　　G
あのコのスカートの中(キャ～！)
|Am
なかなか なかなか
G　　　　　　　|F　　G
なかなか なかなか 大変だけど
　　|Am　　　G
かならずGETだぜ！
　　|F　G　|A　|A
ポケモンGETだぜ！
|DM7

B（メロ）
マサラタウンに
　　　|E
さよならバイバイ
|DM7　　　　　|E
オレはこいつと 旅に出る

（ぴかちゅう！）
　|F♯m　|F♯mM7|F♯m7　B7
きたえたワザで　勝ちまくり
|Bm　C♯m　|D　E
仲間をふやして 次の町へ
　　　|A　　C♯m

C（サビ）
いつもいつでも
　　　|Em　　A
うまくゆくなんて
　|DM7　　A onC♯ |Bm7
保証はどこにも ないけど
Bm7 onE
（そりゃそうじゃ！）
　　|A　　C♯m
いつでもいつも
　　　|DM7 C♯m7 Bm7 A
ホンキで生きてる
　|G　Bm7 onE |A|D onA|Bm7 −5|E7
こいつたちがいる

A
　　　　|Am　　　G
たとえ 火の中 水の中
　　|F　G |Am　　　G
草の中 森の中 土の中 雲の中
　　　　　　　　|F　　　G
あのコのスカートの中 (しつこ～いッ！)
|Am
なかなか なかなか
G　　　　　　|F　　G
なかなか なかなか 大変だけど
　　|Am　　　G
かならずGETだぜ！
　|F　G　|A　|A
ポケモンGETだぜ！
|DM7

B（メロ）
たたかいつかれて
　　　|E
おやすみグッナイ
|DM7　　　　　|E
まぶたを閉じれば　よみがえる

（ぴかちゅう？？）
|F♯m　　F♯mM7|F♯m7　B7
ほのおが燃えて　かぜが舞い
　|Bm　C♯m　|D　　E
鳴き声とどろく あのバトルが
　|A　C♯m　|Em　A
きのうの敵は きょうの友って
　　|DM7　　A onC♯ |Bm7

C（サビ）
古いコトバが あるけど
Bm7 onE
（古いとはなんじゃ～っ！）
　|A　　|DM7 C♯m7 Bm7 A
きょうの友は あしたも友だち
　　|G Bm7 onE |A |Am |A |Am G
そうさ 永遠に
|F　C　　|G
ああ あこがれの
　　|F　C　　|G

D（メロ）
ポケモンマスターに
　　|F　C |G |G
なりたいな ならなくちゃ
　　|F　C　|G
ゼッタイなってやるーッ！
|Am G |F G |Am G |F G

C
　　|A　C♯m　|Em　A
ユメは いつか ホントになるって
　|DM7　A onC♯ |Bm7 Bm7 onE
だれかが歌って いたけど
　　|A　　C♯m
つぼみがいつか
　　|DM7 C♯m7 Bm7 A
花ひらくように
　　　|G Bm7 onE |A E
ユメは かなうもの
　|A　　C♯m
いつもいつでも
　　　|Em　　A
うまくゆくなんて
　|DM7　　A onC♯ |Bm7
保証はどこにも ないけど
Bm7 onE
（そりゃそうじゃ！）
　　|A　　C♯m
いつでもいつも
　　　|DM7 C♯m7 Bm7 A
ホンキで生きてる
　|G Bm7 onE |A |Am |A |Am G
こいつたちがいる
|F　C　　|G

D（メロ）
ああ あこがれの
　　|F　C　　|G
ポケモンマスターに
　　|F　C |G
なりたいな ならなくちゃ
　　|F　C　|G |G
ゼッタイなってやるーッ！
「C　|G
ああ あこがれの
|F　C　　|G
ポケモンマスターに
|F　C |G
なりたいな ならなくちゃ
　　|F　C　|G |G
ゼッタイなってやるーッ！
|Am G |F G |Am G |F E7

|Am

|F♯m F♯mM7|F♯m7 D♯m7 −5|Bm C♯m |D E

（117ページ掲載）

SONGS**25**

ひまわりの約束

秦基博

作詞／秦基博　作曲／秦基博

テンポ ♩=79　　カポタスト **5フレット**

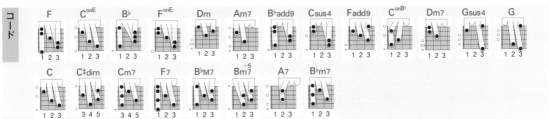

コード

F　CᵒⁿE　B♭　FᵒⁿE　Dm　Am7　B♭add9　Csus4　Fadd9　CᵒⁿB♭　Dm7　Gsus4　G

C　C♯dim　Cm7　F7　B♭M7　Bm7⁻⁵　A7　B♭m7

|F CᵒⁿE |B♭ F FᵒⁿE |Dm Am7 |B♭

IN （イントロ）

A
メロ
|F　　CᵒⁿE |B♭　　F
どうして君が泣くの
FᵒⁿE |Dm Am7 |B♭add9 Csus4
まだ僕も泣いていないのに
|F　　CᵒⁿE |B♭　　F
自分より 悲しむから
FᵒⁿE |Dm　Am7 |B♭add9 Csus4 |Fadd9
つらいのがどっちか わからなくなるよ

B
メロ
　　　|CᵒⁿB♭　　　|Am7 Dm7
ガラクタだったはずの今日が
　　　|Gsus4 G |Csus4 C |2/4
ふたりなら 宝物になる

C
サビ
|F　　　　B♭add9
そばにいたいよ
　　|C　　C♯dim |Dm　　|Cm7 F7
君のために出来ることが 僕にあるかな
　|B♭M7 Bm7⁻⁵|C　　C♯dim
いつも君に ずっと君に
|Dm　　Bm7⁻⁵|Csus4 C
笑っていてほしくて
　|F　　　　B♭add9
ひまわりのような
　　　　|C　　C♯dim|Dm　　　|Cm7 F7
まっすぐなその優しさを 温もりを 全部
　|B♭M7　　A7　|Dm　　Bm7⁻⁵
これからは僕も 届けていきたい
　|B♭M7　　|B♭m7 Csus4　　|F
ここにある幸せに 気づいたから
CᵒⁿE |B♭ F FᵒⁿE |Dm Am7 |B♭

A
メロ
|F CᵒⁿE　|B♭　F
遠くで ともる未来
FᵒⁿE|Dm　Am7 |B♭add9 Csus4
もしも 僕らが離れても
|F　　CᵒⁿE |B♭　　F
それぞれ歩いていく
FᵒⁿE|Dm Am7　|B♭add9 Csus4 |Fadd9
その先で また 出会えると信じて

B
メロ
　　|CᵒⁿB♭　　　|Am7 Dm7
ちぐはぐだったはずの歩幅
　　|Gsus4　G |Csus4 C |2/4
ひとつのように 今 重なる

C
サビ
|F　　　　B♭add9
そばにいること
　|C　　C♯dim|Dm　　|Cm7 F7
なにげないこの瞬間も 忘れはしないよ
|B♭M7　Bm7⁻⁵|C　　C♯dim
旅立ちの日 手を振る時
|Dm　Bm7⁻⁵|Csus4 C
笑顔でいられるように
　|F　　　B♭add9
ひまわりのような
　　　|C　　C♯dim|Dm　　　|Cm7 F7
まっすぐなその優しさを 温もりを 全部
|B♭M7　A7　|Dm　　Bm7⁻⁵
返したいけれど 君のことだから
　|B♭M7　　|B♭m7 Csus4
もう充分だよって きっと言うかな
|Dm C CᵒⁿE|B♭ F FᵒⁿE|Dm|Am7|B♭|Csus4 |C

|F　　　　B♭add9
そばにいたいよ
　|C　　C♯dim |Dm　　|Cm7 F7
君のために出来ることが 僕にあるかな
　|B♭M7 Bm7⁻⁵|C　　C♯dim
いつも君に ずっと君に
|Dm　　Bm7⁻⁵|Csus4 C
笑っていてほしくて
　|F　　　　B♭add9
ひまわりのような
　　|C　　C♯dim|Dm　　　|Cm7 F7
まっすぐなその優しさを 温もりを 全部
　|B♭M7　A7 |Dm　　Bm7⁻⁵
これからは僕も 届けていきたい
　|B♭M7　|B♭m7　　Csus4　|Csus4
本当の幸せの意味を 見つけたから

|F CᵒⁿE |B♭ F FᵒⁿE |Dm Am7 |B♭ |F

Section

6

アコギをもっと楽しもう

ありがとう

いきものがかり

作詞／水野良樹　作曲／水野良樹

テンポ ♩=79

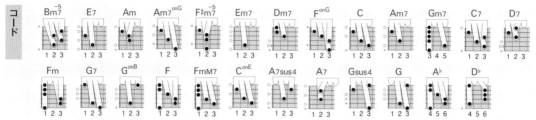

コード：Bm7⁻⁵　E7　Am　Am7 onG　F♯m7⁻⁵　Em7　Dm7　F onG　C　Am7　Gm7　C7　D7　Fm　G7　G onB　F　FmM7　C onE　A7sus4　A7　Gsus4　G　A♭　D♭

(IN) （イントロ）
|Bm7⁻⁵ E7 |Am Am7 onG |F♯m7⁻⁵
|Em7 Am |Dm7 |F onG

A（サビ）
　　　|C　　　　　|E7
"ありがとう"って伝えたくて
　　|Am7　　　|Gm7 C7
あなたを見つめるけど
　|Bm7⁻⁵ E7　　|Am7 D7
繋がれた右手は 誰よりも優しく
|Dm7 |Fm　F onG　|C |G7
ほら この声を受けとめている

B（メロ）
　　　|C　　　　　|G onB
まぶしい朝に 苦笑いしてさ
　　|Am7　　　|Gm7 C7
あなたが窓を開ける
　　　|F　E7　　|Am7　D7
舞い込んだ未来が 始まりを教えて
|Dm7　　|F onG　G7
またいつもの街へ出かけるよ
|C　　　　|G
でこぼこなまま 積み上げてきた
　　|Am7　　　|Gm7 C7
ふたりの淡い日々は
　　|F　E7　　|Am7　D7
こぼれたひかりを 大事にあつめて
|Dm7 F onG　|C
いま輝いているんだ
　　|F　　　|FmM7

C（メロ）
"あなたの夢"がいつからか
　　|C onE　　|A7sus4　A7
"ふたりの夢"に変わっていた
　　|Dm7　　　|Fm
今日だって いつか 大切な 瞬間（おもいで）
　|Gsus4　　|Gsus4　　|G
あおぞらも 泣き空も 晴れわたるように
F onG　|C　　　|E7　|Am7　　|Gm7 C7

A（サビ）
"ありがとう"って伝えたくて あなたを見つめるけど
　　|Bm7⁻⁵ E7　　|Am7 D7
繋がれた右手が まっすぐな想いを
|Dm7　　|Fm　F onG
不器用に伝えている
　　|C　　　|E7
いつまでも ただ いつまでも
　　|Am7　　|Gm7 C7
あなたと笑っていたいから

|Bm7⁻⁵ E7 |Am7　D7
信じたこの道を 確かめていくように
|Dm7 |Fm　　F onG　|C |G7
今 ゆっくりと 歩いていこう
　　|C　　　|G onB

B（メロ）
ケンカした日も 泣きあった日も
　　|Am7　　　|Gm7 C7
それぞれ彩（いろ）咲かせて
　　|F　E7　　|Am7 D7
真っ白なこころに 描かれた未来を
|Dm7 F onG
まだ書き足していくんだ
|F　　　|FmM7

C（メロ）
誰かのために生きること
　　|C onE　　|A7sus4　　A7
誰かの愛を受け入れること
　　|Dm7　　　|Fm
そうやって いまを ちょっとずつ 重ねて
　|Gsus4　　|Gsus4　　|G
喜びも 悲しみも 分かち合えるように
F onG　|C　　　|E7

A（サビ）
思いあうことに幸せを
　　|Am7　　|Gm7 C7
あなたと見つけていけたら
　　|Bm7⁻⁵ E7　　|Am7　D7
ありふれたことさえ 輝きをいだくよ
|Dm7 |Fm　　F onG
ほら その声に 寄り添っていく
|A♭ |D♭ |A♭ |D♭ |C |F |Gsus4 |Gsus4 |G

F onG　|C　　　|E7　|Am7　|Gm7 C7
"あいしてる"って伝えたくて あなたに伝えたくて
　　|Bm7⁻⁵ E7　　|Am7　D7
かけがえのない手を あなたとのこれからを
　|Dm　　　|Fm F onG
わたしは 信じているから
　|C　　　|E7　|Am7　|Gm7 C7
"ありがとう"って言葉をいま あなたに伝えるから
　　|Bm7⁻⁵ E7　　|Am7　D7
繋がれた右手は 誰よりも優しく
|Dm7 |Fm　　F onG　|C
ほら この声を受けとめている
|Bm7⁻⁵ E7 |Am Am7 onG F♯m7⁻⁵

|Em7 Am |Dm7 |F onG |C

（124ページ掲載）

SONGS 27

恋
星野源

作詞／星野源　作曲／星野源

テンポ ♩=158　カポタスト **2フレット**

コード

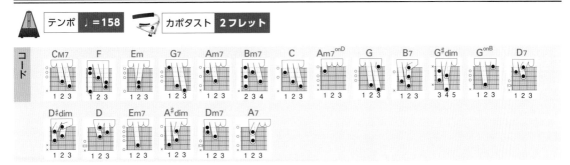

CM7　F　Em　G7　Am7　Bm7　C　Am7onD　G　B7　G♯dim　GonB　D7

D♯dim　D　Em7　A♯dim　Dm7　A7

(IN) |CM7 F|Em G7|CM7 F|Em G7|
（イントロ）
|CM7 F|Em G7|Am7 Bm7 C|Am7onD

A
メロ
|G B7 |Em G♯dim
営みの
　|C　GonB|Am7 Am7onD
街が暮れたら色めき
|G　B7 |Em G♯dim
風たちは運ぶわ
　|C GonB|Am7 Am7onD|G C
カラスと人々の群れ

A
メロ
|G B7 |Em G♯dim
意味なんか
　|C　GonB|Am7 Am7onD
ないさ暮らしがあるだけ
|G　B7|Em G♯dim
ただ腹を空かせて
　|C GonB|Am7 Am7onD|G D7
君の元へ帰るんだ

B
メロ
|C GonB|D♯dim Em
物心ついたらふと
|C　GonB|D♯dim Em
見上げて思うことが
|C　GonB|D D♯dim Em
この世にいる誰も
|Am7 Bm7 C|Am7onD
二人から

C
サビ
|G　Bm7|Em7 GonB
胸の中にあるもの
|C　Bm7|Am7 Am7onD
いつか見えなくなるもの
|G　Bm7|Em7 GonB
それは側にいること
　|Am7|Am7onD
いつも思い出して

|G　Bm7|Em7 GonB
君の中にあるもの
|C　Bm7|Am7 Am7onD
距離の中にある鼓動
|G　Bm7|Em7 GonB
恋をした貴方の
　|Am7　　|Bm7
指の混ざり　頬の香り
　|Am7 Am7onD|G
夫婦を超えてゆけ
|CM7 F|Em G7|CM7 F|Em G7|

|CM7 F|Em G7|Am7 Bm7 C|Am7onD

A
メロ
|G B7　|Em G♯dim
みにくいと
　|C　GonB|Am7 Am7onD
秘めた想いは色づき
|G B7|Em G♯dim
白鳥は運ぶわ
　|C GonB|Am7 Am7onD|G D7
当たり前を変えながら

B
メロ
|C　GonB|D♯dim Em
恋せずにいられないな
|C　GonB|D♯dim Em
似た顔も虚構にも
|C　GonB|D D♯dim Em
愛が生まれるのは
|Am7 Bm7 C|Am7onD
一人から

C
サビ
|G　Bm7|Em7 GonB
胸の中にあるもの
|C　Bm7|Am7 Am7onD
いつか見えなくなるもの
|G　Bm7|Em7 GonB
それは側にいること
　|Am7|Am7onD
いつも思い出して

|G　Bm7|Em7 GonB
君の中にあるもの
|C　Bm7|Am7 Am7onD
距離の中にある鼓動
|G　Bm7|Em7 GonB
恋をした貴方の
　|Am7　　|Bm7
指の混ざり　頬の香り
　|Am7 Am7onD|G
夫婦を超えてゆけ
|G|A♯dim|C GonB|Am Am7onD　G ×4

D
メロ
|Em|Dm7 G7|C |B7|Em　　|A7
泣き顔も　黙る夜も　揺れる笑顔も
|Am7onD |Am7onD |Am7onD |Am7onD
いつまでも　　　　いつまでも

C
サビ
|G　Bm7|Em7 GonB
胸の中にあるもの
|C　Bm7 |Am7 Am7onD
いつか見えなくなるもの
|G　Bm7|Em7 GonB
それは側にいること
　|Am7|Am7onD
いつも思い出して
|G　Bm7|Em7 GonB
君の中にあるもの
|C　Bm7|Am7 Am7onD
距離の中にある鼓動
|G　Bm7|Em7 GonB
恋をしたの貴方の
　|Am7　　|Bm7
指の混ざり　頬の香り
　|Am7 Am7onD|G Em
夫婦を超えてゆけ
　|Am7 Am7onD|G Em
二人を超えてゆけ
　|Am7 Am7onD
一人を超えてゆけ
|G|A♯dim|C GonB|Am Am7onD　G ×6

Section 6　アコギをもっと楽しもう

（136ページ掲載）

マリーゴールド
あいみょん

作詞／あいみょん　作曲／あいみょん

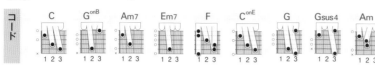

テンポ ♩＝106　　カポタスト **2フレット**

コード　C　G^{onB}　Am7　Em7　F　C^{onE}　G　Gsus4　Am

IN　|C　　|G^{onB}　|Am7
（イントロ）
　　　|Em7　|F C^{onE}　|F G

A　　|C　　　　|G^{onB}
メロ　風の強さがちょっと
　　　|Am7　　　|G
　　　心を揺さぶりすぎて
　　　|F　　|C^{onE}
　　　真面目に見つめた
　　　|F　|G
　　　君が恋しい
　　　|C　　　|G^{onB}
　　　でんぐり返しの日々
　　　　|Am7
　　　可哀想なふりをして
　　　|F　　|C^{onE}
　　　だらけてみたけど
　　　|F　|Gsus4 G
　　　希望の光は

B　|Am7　　　|Em7
メロ　目の前でずっと輝いている
　　　|F　|G
　　　幸せだ

C　　　|C　　|G^{onB}
サビ　麦わらの帽子の君が
　　　|Am7　　　|G
　　　揺れたマリーゴールドに似てる
　　　|F　　|C^{onE}　Am7
　　　あれは空がまだ青い夏のこと
　　　|F　|G
　　　懐かしいと笑えたあの日の恋
　　　|C　　|G^{onB}
　　　「もう離れないで」と
　　　　|Am7
　　　泣きそうな目で見つめる君を
　　　|F　|C^{onE}　Am7
　　　雲のような優しさでそっとぎゅっと
　　　|F　|G　|C　|G
　　　抱きしめて 抱きしめて 離さない

A　　|C　　　|G^{onB}
メロ　本当の気持ち全部
　　　|Am7　　　|G
　　　吐き出せるほど強くはない
　　　|F　|C^{onE}
　　　でも不思議なくらいに
　　　|F　|G
　　　絶望は見えない

B　|Am7　　　|Em7
メロ　目の奥にずっと写るシルエット
　　　|F
　　　大好きさ

C　　　|C　|G^{onB}
サビ　柔らかな肌を寄せあい
　　　|Am7　　|G
　　　少し冷たい空気を2人
　　　|F　　|C^{onE}
　　　かみしめて歩く今日という日に
　　　|Am7 F　　|G
　　　何と名前をつけようかなんて話して
　　　|C　　|G^{onB}　|Am7
　　　ああ アイラブユーの言葉じゃ
　　　足りないからとキスして
　　　|C^{onE}　Am7
　　　雲がまだ2人の影を残すから
　　　|F　|G　　　|Am7
　　　いつまでも いつまでも このまま

D　　|G^{onB}|C
メロ　遥か遠い 場所にいても
　　　|G　　　|Am
　　　繋がっていたいなあ
　　　　|G^{onB}　|C
　　　2人の想いが
　　　|G　　|C
　　　同じでありますように
　　　|F |G |Am7 |F |G |G

C　　　|C　|G^{onB}
サビ　麦わらの帽子の君が
　　　|Am7　　　|G
　　　揺れたマリーゴールドに似てる
　　　|F　|C^{onE}　Am7
　　　あれは空がまだ青い夏のこと
　　　|F　|G
　　　懐かしいと笑えたあの日の恋
　　　|C　　|G^{onB}
　　　「もう離れないで」と
　　　　|Am7　　　|G
　　　泣きそうな目で見つめる君を
　　　|F　|C^{onE}　Am7
　　　雲のような優しさでそっとぎゅっと
　　　抱きしめて 離さない

　　　|C　　|G^{onB}　　|Am7
　　　ああ アイラブユーの言葉じゃ
　　　足りないからとキスして
　　　|C^{onE}　Am7
　　　雲がまだ2人の影を残すから
　　　|F　　|G　　　|C^{onE}|F
　　　いつまでも いつまでも このまま

　　　　|G　|Am7
　　　離さない
　　　　　|F　|G |C |G
　　　いつまでも いつまでも 離さない
　　　|C　|G^{onB}　|Am7 |Em7

　　　|F C^{onE} |F G |C

SONGS32

夜空ノムコウ
SMAP

作詞／スガシカオ　作曲／川村結花

テンポ ♩=106　　カポタスト **3フレット**

コード　GM7　F♯7　Bm7　A6　Em7onA　DM7　D6　Am7onD　E7　Em7　A7　D♯dim　F♯m7
G♯m7−5　Em7−5onA　CM7

|GM7 F♯7 |Bm7 A6 |GM7 Em7onA |DM7 |D6

IN　（イントロ）

　　　　　|GM7 F♯7　|Bm7 A6　|GM7　　Em7onA |DM7 Am7onD

A　あれからぼくたちは　何かを信じてこれたかなぁ
　　　　　|GM7 F♯7　|Bm7 A6　|GM7 Em7onA |DM7 Am7onD
サビ　夜空のむこうには　明日がもう待っている
　　　|GM7 F♯7 |Bm7 A6 |GM7 Em7onA |DM7 Am7onD ×2

　　|GM7 F♯7 |Bm7　E7　|Em7　　A7　|DM7 Am7onD

B　誰かの声に気づき　ぼくらは身をひそめた
　　|GM7 F♯7　|Bm7　E7　|Em7　　　　|F♯7
メロ　公園のフェンス越しに　夜の風が吹いた

　　　　　|Bm7　　|A6　　　|GM7　Em7onA |DM7 D♯dim

C　君が何か伝えようと　にぎり返したその手は
　　　　　|Em7　　|F♯m7　　|GM7　　G♯m7−5 |Em7onA
メロ　ぼくの心のやらかい場所を　今でもまだしめつける
　　|Em7−5onA　Am7onD

　　　　　|GM7 F♯7　|Bm7 A6　|GM7　　Em7onA |DM7 Am7onD

A　あれからぼくたちは　何かを信じてこれたかなぁ
　　　　　|GM7　　F♯7　|Bm7 A6|GM7　Em7onA |DM7 Am7onD
サビ　マドをそっと開けてみる　冬の風のにおいがした
　　　　|GM7　F♯7　|Bm7 A6　|GM7　Em7onA |DM7 Am7onD
　　悲しみっていつかは　消えてしまうものなのかなぁ
　　　　|GM7 F♯7　|Bm7A6|GM7　　Em7onA |CM7|Bm7|CM7|Bm7
　　タメ息は少しだけ　白く残ってすぐ消えた
　　|GM7 F♯7　|Bm7 A6　|GM7 Em7onA |DM7 |D6

　　|GM7　F♯7　|Bm7　E7　|Em7　　A7　|DM7 Am7onD

B　歩き出すことさえも　いちいちためらうくせに
　　|GM7　　F♯7　|Bm7 E7　|Em7　　　　|F♯7
メロ　つまらない常識など　つぶせると思ってた

　　　　|Bm7　　|A6　　　|GM7 Em7onA |DM7 D♯dim

C　君に話した言葉は　どれだけ残っているの？
　　　　|Em7　　|F♯m7　　|GM7　G♯m7−5 |Em7onA
メロ　ぼくの心のいちばん奥で　から回りしつづける
　　|Em7−5onA　Am7onD

　　　　　|GM7 F♯7 |Bm7 A6　|GM7　　Em7onA |DM7 Am7onD

A　あのころの未来に　ぼくらは立っているのかなぁ
　　　　　|GM7 F♯7　|Bm7 A6　|GM7　　Em7onA |DM7 Am7onD
サビ　全てが思うほど　うまくはいかないみたいだ
　　　　　|GM7 F♯7　|Bm7 A6 |GM7　　Em7onA |DM7 Am7onD
　　このままどこまでも　日々は続いていくのかなぁ
　　　　　|GM7 F♯7　|Bm7 A6|GM7　　Em7onA |DM7 Am7onD
　　雲のない星空が　マドのむこうにつづいてる
　　　　　|GM7 F♯7　|Bm7 A6　|GM7　　Em7onA |DM7 Am7onD
　　あれからぼくたちは　何かを信じてこれたかなぁ
　　　　　|GM7 F♯7　|Bm7 A6　|GM7 Em7onA |DM7 Am7onD
　　夜空のむこうには　もう明日が待っている

|GM7 F♯7 |Bm7 A6 |GM7 Em7onA |DM7 Am7onD

|GM7 F♯7 |Bm7 A6 |GM7 Em7onA |DM7 Am7onD

|GM7 F♯7 |Bm7 A6 |GM7 Em7onA |DM7 Am7onD

|GM7 F♯7 |Bm7 A6 |GM7 Em7onA |D6

Section **6** アコギをもっと楽しもう

ひと目でわかるコードダイアグラム 一覧

※同じコードでも押さえ方はたくさんあるので、ここでは一例を載せています

		C （ド）			D （レ）			E （ミ）		
		オープン	5弦ルート	6弦ルート	オープン	5弦ルート	6弦ルート	オープン	5弦ルート	6弦ルート
M メジャー		1 2 3	3 4 5	8 9 10	1 2 3	5 6 7		1 2 3	7 8 9	
m マイナー			3 4 5	8 9 10	1 2 3	5 6 7		1 2 3	7 8 9	
m7 マイナーセブンス			3 4 5	8 9 10	1 2 3	5 6 7		1 2 3	7 8 9	
M7 メジャーセブンス		1 2 3	3 4 5	7 8 9	1 2 3	5 6 7		1 2 3	7 8 9	
7 セブンス		1 2 3	3 4 5	8 9 10	1 2 3	5 6 7		1 2 3	7 8 9	
sus4 サスフォー		1 2 3	3 4 5 6	8 9 10	1 2 3	5 6 7 8		1 2 3	7 8 9 10	
add9 アドナイン		1 2 3	3 4 5	8 9 10	1 2 3	5 6 7		1 2 3	7 8 9	
7sus4 セブンスサスフォー			3 4 5 6	8 9 10	1 2 3	5 6 7 8		1 2 3	7 8 9 10	
dim(7) ディミニッシュセブン			2 3 4	7 8 9	1 2 3	4 5 6		1 2 3	6 7 8	
m7(♭5) マイナーセブンスフラットファイブ			3 4 5	7 8 9	1 2 3	5 6 7		1 2 3	7 8 9	
6 シックス		1 2 3	3 4 5	8 9 10	1 2 3	5 6 7		1 2 3	7 8 9	
m6 マイナーシックス			3 4 5	7 8 9	1 2 3	5 6 7		1 2 3	7 8 9	
mM7 マイナーメジャーセブンス			3 4 5	8 9 10	1 2 3	5 6 7		1 2 3	7 8 9	

※CM（シーメジャー）はCのコードと同じもの。

	F (ファ)			G (ソ)			A (ラ)			B (シ)		
	オープン	5弦ルート	6弦ルート	オープン	5弦ルート	6弦ルート	オープン	5弦ルート	6弦ルート	オープン	5弦ルート	6弦ルート
M		8 9 10	1 2 3	1 2 3		3 4 5	1 2 3		5 6 7		2 3 4	7 8 9
m		8 9 10	1 2 3			3 4 5	1 2 3		5 6 7		2 3 4	7 8 9
m7		8 9 10	1 2 3			3 4 5	1 2 3		5 6 7	1 2 3	2 3 4	7 8 9
M7		8 9 10	1 2 3	1 2 3		2 3 4	1 2 3		4 5 6		2 3 4	6 7 8
7		8 9 10	1 2 3	1 2 3		3 4 5	1 2 3		5 6 7	1 2 3	2 3 4	7 8 9
sus4		8 9 10 11	1 2 3	1 2 3		3 4 5	1 2 3		5 6 7		2 3 4 5	7 8 9
add9		8 9 10	1 2 3	1 2 3		3 4 5	1 2 3		5 6 7		2 3 4	7 8 9
7sus4		8 9 10 11	1 2 3	1 2 3		3 4 5	1 2 3		5 6 7		2 3 4	7 8 9
dim(7)	1 2 3	7 8 9				2 3 4	1 2 3		4 5 6		1 2 3	6 7 8
m7(♭5)		8 9 10	1 2 3 4			2 3 4	1 2 3		4 5 6		1 2 3	6 7 8
6	1 2 3	8 9 10	1 2 3	1 2 3		3 4 5	1 2 3		5 6 7		2 3 4	7 8 9
m6	1 2 3	8 9 10				2 3 4	1 2 3		4 5 6		2 3 4	6 7 8
mM7		8 9 10	1 2 3			3 4 5	1 2 3		5 6 7		2 3 4	7 8 9

演奏・監修

中原 健太郎（なかはら けんたろう）

大学在学中にZAINレコードにてサポートギタリストとして活動を開始。その後は音楽制作プロダクションSTUDIO KENTを立ち上げ、音楽制作の仕事を始める。 ゲーム音楽・着メロ・着うたの制作や、アーティストの楽曲のアレンジなどを手がける。現在は、ヤマノミュージックサロン新宿・赤坂見附にてエレキギター・アコースティックギター・ウクレレの講師を務める。抽象的な指導にならないよう、初心者でもわかりやすい丁寧で具体的なレッスンをモットーにしている。

写真提供	荒井貿易株式会社、株式会社kaina、株式会社ギブソンギターコーポレーションジャパン、株式会社キョーリツコーポレーション、株式会社コルグ、株式会社モリダイラ楽器、株式会社山野楽器、株式会社ヤマハミュージックジャパン、キクタニミュージック株式会社、日本ゴア合同会社、ネイルカンパニーグループ株式会社、ロッコーマン株式会社、ローランド株式会社
DTP・編集・執筆	オフィス303（淺田有季、三橋太央、熊田和花、坂上暁仁）
イラスト・図版	オフィス303（上薗紀燿介、坂上暁仁）
動画撮影・DVD編集	アディングデザイン
写真撮影	平井伸造
デザイン	ダイアートプランニング（大類菜央、天野広和）
企画・編集	成美堂出版編集部（原田洋介、芳賀篤史）

DVD付き 超入門 これなら弾ける! アコースティックギターの弾き方

2024年10月30日発行

演奏・監修　中原健太郎（なかはらけんたろう）

発行者　深見公子

発行所　成美堂出版
〒162-8445　東京都新宿区新小川町1-7
電話(03)5206-8151　FAX(03)5206-8159

印　刷　株式会社フクイン

©SEIBIDO SHUPPAN 2020　PRINTED IN JAPAN
ISBN978-4-415-32766-2
落丁・乱丁などの不良本はお取り替えします
価格はカバーに表示してあります

• 本書および本書の付属物を無断で複写、複製（コピー）、引用することは著作権法上での例外を除き禁じられています。また代行業者等の第三者に依頼してスキャンやデジタル化することは、たとえ個人や家庭内の利用であっても一切認められておりません。
JASRAC 出2000566-407
NexTone PB000050031